챗GPT가 쓴 나의 돈 버는 콘텐츠
AI 글쓰기로 수익 1000만원 만들기

챗GPT가 쓴 나의 돈 버는 콘텐츠

AI 글쓰기로 수익 1000만원 만들기

장세훈 지음

들어가는 말

또각또각, 선명한 타자 소리와 함께 한 글자 한 글자 써 내려가던 시대는 이제 저물어 가고 있습니다. 디지털 시대로 접어들면서 우리는 키보드와 마우스, 터치스크린을 통해 글을 쓰게 되었지만, 이제 새로운 물결이 밀려오고 있습니다. 바로 AI 글쓰기의 등장입니다.

챗GPT를 필두로 한 AI 언어 모델들은 우리가 글쓰기에 대해 가졌던 고정관념을 깨트리고 있습니다. 기계가 인간처럼, 아니 어쩌면 인간보다 더 훌륭하게 글을 쓸 수 있다는 사실은 충격 그 자체였습니다. 하지만 이는 위기이자 기회라 할 수 있습니다. AI 글쓰기 기술을 어떻게 활용하느냐에 따라, 우리는 글쓰기에 드는 시간과 노력을 대폭 줄이고 더 높은 수준의 콘텐츠를 생산할 수 있게 되었습니다.

특히 중장년층에게 AI 글쓰기는 새로운 도전의 기회가 될 수 있습니다. 지금까지 글쓰기에 자신이 없었던 분들, 아이디어는 있지만 표현이 어려웠던 분들도 이제는 챗GPT와 함께라면 누구나 멋진 글을 쓸 수 있게 된 것입니다. 더욱이 블로그, SNS, 유튜브 등 다양한 플랫폼에서 콘텐츠 크리에이터로 활동하며 수익을 창출할 수 있는 기회도 열리고 있습니다.

물론 AI 글쓰기가 가져올 변화에 대한 우려의 목소리도 있습니다. 저작권 문제, 일자리 감소, 윤리적 딜레마 등 해결해야 할 과제들이 산적해 있습니다. 하지만 역사를 돌이켜 보면 새로운 기술의 등장은 항상 사회적 변화를 동반해 왔고, 우리는 그 변화에 적응하며 더 나은 미래를 만들어 왔습니다. AI 글쓰기 기술도 마찬가지일 것입니다. 우리가 이 기술을 어떻게 받아들이고 활용하느냐에 따라, 글쓰기의 미래는 더욱 풍요로워질 수 있을 것입니다.

이 책은 AI 글쓰기 시대를 살아가는 우리에게 하나의 길라잡이가 되고자 합니다. 챗GPT를 활용하여 블로그, SNS, 유튜브 등에서 수익을 창출하는 방법부터 업무의 효율을 높이는 팁, 글쓰기 실력을 향상시키는 노하우까지 AI 글쓰기의 모든 것을 담았습니다. 또한 저작권, 윤리 문제 등 AI 글쓰기를 둘러싼 사회적 이슈들도 짚어보며, 우리가 나아가야 할 방향에 대해서도 함께 고민해 보고자 합니다.

지금 이 순간에도 AI 기술은 빠르게 발전하고 있습니다. GPT-4를 비롯한 차세대 언어 모델들은 더욱 놀라운 성능을 보여줄 것이며, 우리의 글쓰기 방식을 근본적으로 바꿔놓을 지도 모릅니다. 하지만 변화의 물결 속에서도 중요한 것은 '우리'입니다. 기술을 어떻게 사용하고 발전시켜 나갈 것인지, AI와 어떻게 공존해 나갈 것인지는 결국 우리의 몫이기 때문입니다.

독자 여러분, AI 글쓰기라는 새로운 영역에 도전할 준비가 되셨나요? 이 책과 함께라면 여러분도 분명 AI 글쓰기의 마스터가 될 수 있을 것입

1980년대
첫 번째 자연어처리 기술 개발

2000년대
온라인 블로그와 SNS의 대중화

1990년대
신경망 기반 문장생성 모델 등장

니다. 지금부터 챗GPT와 함께 글쓰기의 무한한 가능성을 향해 여정을 시작해 보시기 바랍니다. 길지만 알찬 여정이 될 것을 약속드립니다.

열정과 도전 정신을 잃지 않는 한, 우리는 AI 글쓰기라는 새로운 영역에서도 반드시 성공할 수 있을 것입니다. 때로는 두려움과 어려움이 있겠지만, 포기하지 않고 나아간다면 반드시 기회는 찾아올 것이라 믿습니다. AI 글쓰기의 세계로 여러분을 초대합니다. 함께 새로운 글쓰기의 지평을 열어가 보시죠. 행운을 빕니다!

2020년대
AI 기반 글쓰기 보조 도구 보편화

2010년대
GPT 등 대규모 언어 모델 등장

2025년 이후
완전 자동화된 AI 기반 콘텐츠 제작 시대 도래

차례

004　들어가는 말

01　혁신적인 창작 파트너
014　ChatGPT의 등장과 AI 글쓰기의 혁신
017　창작의 새로운 동반자, ChatGPT
020　비즈니스 글쓰기의 패러다임을 바꾸다
023　글쓰기 교육의 판도를 바꾸다
026　포스트 휴먼 시대, AI 글쓰기의 미래

02　비즈니스 글쓰기 혁명
032　챗GPT와 함께하는 블로그 운영 전략
035　SNS 마케팅, 챗GPT로 차별화하기
038　온라인 강의 제작, 챗GPT와 함께 도전!
041　GPT 활용 사례 부업으로 꿈을 이룬 사람들
044　챗GPT 창업 전략 AI 글쓰기의 무한한 사업 기회

03 업무 효율화 비법

- 050 ChatGPT가 업무를 혁신하는 방법
- 053 보고서 작성이 쉬워지는 ChatGPT 활용법
- 056 이메일 작성 시간을 절반으로 줄이는 ChatGPT 활용법
- 058 회의록 작성의 혁신, ChatGPT와 함께라면 가능합니다
- 061 창의적 아이디어 발굴, ChatGPT와 함께 새로운 지평을 열다

04 글쓰기 스킬 업그레이드

- 066 ChatGPT와 함께 글쓰기의 기초 다지기
- 069 ChatGPT로 글쓰기 스타일 가다듬기
- 071 ChatGPT로 글쓰기의 정확성 높이기
- 074 ChatGPT로 창의적 글쓰기에 도전하기
- 077 ChatGPT와 함께 글쓰기의 즐거움 만끽하기

05 AI 윤리와 법적 과제

082　AI 글쓰기 시대, 새로운 윤리적 쟁점을 만나다
085　AI 글쓰기의 저작권 문제, 현행법으로는 충분한가?
089　책임 있는 AI 활용을 위한 윤리 규범 정립
093　AI 글쓰기 창작 생태계의 변화와 대응 전략

06 AI 활용 마스터 클래스

100　AI 친구 챗GPT 들여다보기
103　프롬프트 엔지니어링 AI와 효과적으로 소통하는 기술
107　챗GPT 활용 사례:실전 노하우 대방출
111　챗GPT로 전문성 업그레이드하기
115　나만의 챗GPT 활용법 만들기

07 새로운 시대, 새로운 기회

- 122 새로운 시대, 새로운 기회
- 125 챗GPT, 인생 2막의 든든한 조력자
- 128 인생 후반전을 위한 학습, AI와 함께 시작하기
- 131 AI 글쓰기의 힘, 새로운 가능성을 열다
- 134 중장년의 AI 활용, 삶의 지혜를 나누다

08 AI 글쓰기의 미래 비전

- 140 AI 글쓰기의 현주소와 발전 전망
- 144 AI 글쓰기가 가져올 변화와 우리의 과제
- 147 기업과 직장인을 위한 AI 글쓰기 활용법
- 151 교육 현장에서의 AI 글쓰기 활용과 대안
- 155 AI 시대, 우리는 무엇을 준비해야 하는가

부 AI로 영화시나리오쓰기

- 162 AI로 영화시나리오쓰기

178 마치며

1장
혁신적인 창작 파트너

ChatGPT의 등장과
AI 글쓰기의 혁신

인공지능 기술의 비약적인 발전은 우리의 일상생활에 큰 변화를 가져오고 있습니다. 특히 자연어 처리 기술을 기반으로 한 대화형 AI인 ChatGPT의 등장은 글쓰기 분야에 혁신의 바람을 일으키고 있습니다. ChatGPT는 방대한 데이터를 학습하고 맥락을 이해하여 마치 사람과 대화를 나누는 듯한 자연스러운 소통이 가능합니다. 이는 마치 숙련된 작가와 함께 글을 쓰는 것과 같은 경험을 선사하죠.

ChatGPT의 등장으로 글쓰기에 어려움을 겪던 이들에게도 새로운 희망이 생겼습니다. 아이디어 발굴부터 문장 구성, 문법 교정에 이르기까지 ChatGPT는 글쓰기의 전 과정에서 든든한 조력자 역할을 해냅니다. 마치 갑작스레 글솜씨가 좋아진 것 같은 기분을 느끼게 되죠. 이는 마치 베토벤의 곡을 연주하는 초보 피아니스트에게 AI가 손가락을 움직여주는 것과 같은 경험일 것입니다.

하지만 ChatGPT는 단순히 글쓰기를 대신해 주는 도구가 아닙니다. 오히려 인간의 창의력과 협업하여 시너지 효과를 내는 것이 핵심이죠. 마치 두 뇌가 하나로 연결되어 아이디어를 교환하고 지식을 융합하는 것처럼 말입니다. 이는 마치 음악가와 작곡가의 콜라보레이션으로 최고의 멜로디를 만들어내는 과정과도 유사합니다.

ChatGPT를 활용한 AI 글쓰기는 다양한 분야에서 그 잠재력을 발휘하고 있습니다. 학술 연구자들은 ChatGPT와 함께 아이디어를 정리하고 논문 초안을 작성하면서 연구 효율성을 높이고 있죠. 소설가나 시인들도 ChatGPT와의 창의적 대화를 통해 새로운 영감을 얻고 작품의 완성도를 높여갑니다. 마치 뮤즈와 함께 창작의 즐거움을 나누는 듯합니다.

기업에서도 ChatGPT의 도입이 가속화되고 있습니다. 제품 설명서, 마케팅 카피, 고객 응대 등 다양한 분야의 글쓰기 업무에 ChatGPT가 활용되면서 업무 효율성이 크게 향상되었죠. 이는 마치 숙련된 카피라이터와 마케터가 즉시 투입된 것과 같은 효과를 가져다줍니다.

물론 ChatGPT의 활용이 가져올 부작용에 대한 우려도 있습니다. 학생들의 에세이 작성에 ChatGPT가 악용될 수 있고, 가짜 뉴스 생성에도 사용될 수 있기 때문이죠. 하지만 이는 기술 자체의 문제라기보다는 사용자의 윤리 의식에 달린 문제라 할 수 있습니다. 올바른 활용 방안에 대한 사회적 합의가 필요한 시점입니다.

ChatGPT로 대표되는 AI 글쓰기의 등장은 분명 우리에게 새로운 기회의 창을 열어주고 있습니다. 글쓰기에 대한 심리적 장벽이 낮아지고, 보다 많은 사람들이 창작의 즐거움을 경험할 수 있게 되었죠. 마치 칼과 펜이 함께 무한한 가능성을 그려내듯, ChatGPT와 우리의 상상력이 만나 어떤 놀라운 결과물을 낳을지 상상만으로도 가슴이 설렙니다.

창작의 새로운 동반자, ChatGPT

작가, 예술가, 크리에이터 등 창작 활동에 종사하는 이들에게 ChatGPT는 더할 나위 없는 창작 도구로 자리매김하고 있습니다. 창의적인 글쓰기 과정에서 ChatGPT는 아이디어 발굴과 스토리텔링 구성에 혁신을 가져다주고 있죠. 마치 끊임없이 샘솟는 영감의 원천과도 같은 존재입니다.

소설가들은 ChatGPT와의 대화를 통해 등장인물의 성격을 구체화하고, 줄거리를 다듬어 나갑니다. 마치 고민 상담을 하듯 ChatGPT에게 창작 과정의 어려움을 털어놓으면, 곧바로 창의적인 해결책이 제시되곤 하죠. 이는 작가가 겪는 '창작의 고통'을 어루만져 주는 것과도 같습니다.

시인들에게 ChatGPT는 시적 영감을 자극하는 뮤즈와도 같습니다. 추상적이고 함축적인 시어를 찾는 과정에서 ChatGPT와 창의적인 대화를 나누다 보면, 마치 깊은 시심(詩心)에 빠져드는 느낌을 받게 됩니다. 이는 시인의 언어 감각을 한 차원 높여주는 촉매제가 되어주기도 합니다.

웹소설이나 웹툰 작가들에게도 ChatGPT는 큰 도움을 주고 있습니다. 방대한 분량의 연재 과정에서 아이디어가 고갈되었을 때, ChatGPT에게 조언을 구하면 금세 새로운 전개 방향을 제시해 줍니다. 이는 마치 엔진이 과열되었을 때 부스터를 작동시켜 추진력을 얻는 것과 같죠.

뿐만 아니라 ChatGPT는 창작물의 완성도를 높이는 데에도 일조합니다. 문장 교정, 문체 윤색, 논리적 흐름 점검 등 편집 과정에서 ChatGPT의 날카로운 지적은 작품의 질을 한 단계 끌어올립니다. 작가가 미처 발견하지 못한 맹점을 짚어주는 것은 물론, 보다 매력적인 표현을 제안하기도 하죠.

음악이나 미술 분야에서도 ChatGPT의 활약이 눈에 띕니다. 작곡가들은 ChatGPT와 대화를 통해 멜로디의 흐름을 다듬고, 가사를 창작하는 데 도움을 얻습니다. 화가들은 ChatGPT에게 작품 구상에 대해 설명하면서 더욱 명료한 이미지를 떠올리게 되죠.

물론 이 모든 과정에서 가장 중요한 것은 창작자 자신의 고유한 생각과 정이라는 점을 잊어서는 안 됩니다. ChatGPT는 어디까지나 창작 활동을 도와주는 도구이지, 주체가 될 순 없기 때문이죠. 인간 창작자의 독창성과 ChatGPT의 보조 기능이 절묘하게 어우러졌을 때, 비로소 최고의 창작물이 탄생할 수 있습니다.

AI 글쓰기 시대, 창작자들에겐 무한한 가능성이 열려 있습니다. ChatGPT와 함께 상상력의 나래를 펼치다 보면 어느새 창작의 즐거움에 심취해 있는 자신을 발견하게 될 것입니다.

비즈니스 글쓰기의 패러다임을 바꾸다

ChatGPT로 대표되는 AI 글쓰기 기술은 비즈니스 분야에서도 혁신의 바람을 일으키고 있습니다. 마케팅 문구 작성, 보고서 및 제안서 작성, 이메일 커뮤니케이션 등 다양한 분야에서 ChatGPT의 활용 가치가 주목받고 있죠. 기업들은 ChatGPT를 통해 업무 효율성을 높이고 비용을 절감하는 한편, 고객 소통의 질을 한층 높여가고 있습니다.

마케팅 분야에서 ChatGPT는 획기적인 도구로 자리매김했습니다. 제품 홍보 문구, 광고 카피, 블로그 포스트 등 마케팅 콘텐츠 제작에 ChatGPT를 활용하면 시간과 비용을 크게 줄일 수 있죠. 또한 빅데이터 분석을 통해 타겟 고객의 니즈를 정확히 파악함으로써 보다 설득력 있는 메시지를 전달할 수 있게 되었습니다. 마치 숙련된 카피라이터와 마케터가 함께 브레인스토밍하는 것 같은 효과를 얻게 되는 셈이죠.

영업 부서에서도 ChatGPT의 역할이 커지고 있습니다. 고객에게 보내는 제안서나 견적서 작성에 ChatGPT를 활용하면 업무 속도가 빨라지는 것은 물론, 문서의 완성도도 높일 수 있습니다. 또한 ChatGPT를 통해 고객의 요구사항을 보다 명확히 파악하고 맞춤형 솔루션을 제안할 수 있게 되었죠. 영업 담당자들은 ChatGPT와 함께 전문성과 효율성을 동시에 높여가고 있습니다.

경영진들도 ChatGPT 활용에 적극적입니다. 사업 계획서, 투자 제안서, 연례 보고서 등 중요한 문서 작성에 ChatGPT의 도움을 받음으로써 의사결정 속도를 높이고 있죠. ChatGPT는 방대한 데이터를 분석하여 객관적인 근거를 제시하고, 논리적인 문장 구조를 만들어냅니다. 마치 경영 컨설턴트와 데이터 애널리스트가 함께 문서를 작성하는 것과 같은 시너지 효과를 내는 셈입니다.

고객 서비스 분야에서도 ChatGPT의 파급력은 상당합니다. 챗봇 시스템에 ChatGPT를 접목함으로써 보다 인간적이고 공감 어린 상담이 가능해졌죠. 또한 방대한 고객 데이터를 학습한 ChatGPT는 개별 고객에 맞는 퍼스널라이즈드 서비스를 제공합니다. 이는 고객 만족도 향상으로 직결되는 동시에 상담원들의 업무 부담을 크게 덜어주는 효과를 가져다줍니다.

이처럼 ChatGPT는 비즈니스 영역 곳곳에서 혁신의 토대를 마련하고 있습니다. 단순 반복 업무를 자동화함으로써 직원들이 보다 창의적이고 전략적인 업무에 집중할 수 있는 환경을 조성하죠. 또한 데이터 기반의 객관적인 의사결정을 지원함으로써 경영의 질을 한 단계 높이는 데 기여합니다.

다만 ChatGPT 활용이 가져올 수 있는 부작용에 대해서도 경계해야 할 필요가 있습니다. 지나친 자동화로 인해 업무 프로세스가 경직되거나, ChatGPT에 과도하게 의존함으로써 직원들의 창의력이 오히려 억압될 수 있기 때문이죠. 따라서 ChatGPT를 업무에 활용할 때에는 적절한 균형점을 찾는 지혜가 필요할 것으로 보입니다.

비즈니스 글쓰기의 미래, ChatGPT가 그 중심에 서 있습니다. 여러분의 회사도 ChatGPT와 함께 업무 혁신을 도모해 보는 건 어떨까요? 직원들의 창의력은 살리고, 단순 작업은 자동화하는 스마트한 업무 방식 말이죠. 이제 ChatGPT와 함께 비즈니스 글쓰기의 새로운 패러다임을 열어갈 때입니다.

표 ChatGPT 활용의 장점과 잠재적 부작용

항목	장점	부작용
창의력	창의력 증대	과도한 의존으로 창의력 저해
효율성	시간 절약, 작업 속도 향상	자동화로 인한 업무 프로세스 경직
품질	문장 완성도 및 논리적 구조 개선	ChatGPT의 문장을 무단 도용 가능성
사용자 경험	스트레스 감소, 자신감 향상	윤리적 문제 발생 가능성
비용	비용 절감, 효율적인 자원 활용	지나친 비용 절감으로 인한 의존도 증가

글쓰기 교육의 판도를 바꾸다

ChatGPT는 글쓰기 교육 분야에도 일대 혁신을 불러일으키고 있습니다. 전통적인 글쓰기 수업에서 벗어나 AI와의 상호작용을 통해 글쓰기 실력을 향상시키는 새로운 교육 방식이 주목받고 있죠. ChatGPT는 학생들에게 글쓰기의 멘토이자 연습 파트너로서 다양한 역할을 수행합니다.

먼저 ChatGPT는 학생들의 글쓰기 동기를 높이는 데 큰 도움을 줍니다. 글감 선정부터 아웃라인 작성, 문장 다듬기에 이르기까지 ChatGPT와 대화하며 글쓰기의 전 과정을 경험하다 보면 자연스럽게 흥미와 자신감이 생기게 되죠. 학생들은 ChatGPT와 함께 자신만의 목소리를 찾아가는 즐거움을 만끽하게 됩니다.

교사들 입장에서도 ChatGPT는 강력한 교육 도구가 되어줍니다. 학생들의 글에 대한 피드백을 자동으로 제공해주는 ChatGPT 덕분에 교사들의 업무 부담이 한결 가벼워졌죠. 뿐만 아니라 ChatGPT는 학생 개개인의 글쓰기 패턴을 분석하여 맞춤형 학습 전략을 제안합니다. 이를 통해 교사는 보다 효과적인 글쓰기 지도를 할 수 있게 되었습니다.

ChatGPT는 협동 글쓰기에도 새로운 지평을 열어주고 있습니다. 여러 학생이 ChatGPT와 함께 글을 쓰면서 서로의 아이디어를 공유하고 발전시켜 나가는 과정은 커뮤니케이션 능력 향상에도 도움이 됩니다. 학생들은 ChatGPT를 매개로 활발한 토론을 벌이며 집단지성의 힘을 경험하게 됩니다.

나아가 ChatGPT는 글쓰기 평가 방식에도 변화를 가져오고 있습니다. ChatGPT를 활용한 에세이 채점 시스템은 빠르고 객관적인 평가를 가능케 합니다. 뿐만 아니라 단순히 점수를 매기는 것이 아니라 구체적이고 건설적인 피드백을 제공함으로써 평가의 교육적 효과를 높이고 있죠.

하지만 ChatGPT 활용이 글쓰기 교육의 만병통치약이 될 순 없습니다. 무분별한 ChatGPT 사용은 오히려 학생들의 자기주도적 사고력과 창의력을 저해할 우려가 있기 때문이죠. 따라서 교육 현장에서는 ChatGPT를 비판적으로 활용하는 데 초점을 맞출 필요가 있어 보입니다. ChatGPT의 조언을 참고하되 자신만의 관점을 견지하는 균형 잡힌 자세가 중요할 것 같습니다.

또한 ChatGPT를 활용한 글쓰기가 가져올 수 있는 표절 문제에 대해서도 주의를 기울여야 합니다. ChatGPT가 만들어낸 문장을 무단으로 도용하는 행위는 엄격히 금지되어야 할 것입니다. 학생들에게 올바른 인용과 출처 표기의 중요성을 일깨우는 교육이 병행되어야 할 것으로 보입니다.

ChatGPT로 대표되는 AI 글쓰기 기술은 분명 교육계에 신선한 바람을 불어넣고 있습니다. 전통적인 글쓰기 교육의 한계를 뛰어넘는 혁신적 방법론으로 주목받고 있죠. 다만 이 과정에서 인간 교사의 역할과 책임은 더욱 막중해졌다고 볼 수 있겠습니다. AI를 윤리적이고 비판적으로 활용하는 자세야말로 글쓰기 교육의 핵심 가치로 자리매김할 것으로 전망됩니다.

포스트 휴먼 시대,
AI 글쓰기의 미래

우리는 지금 포스트 휴먼 시대의 문턱에 서 있습니다. 인공지능 기술의 비약적 발전은 인간의 고유 영역으로 여겨지던 창의적 글쓰기마저 AI와 협업하는 새로운 차원으로 이끌고 있죠. 특히 ChatGPT로 대표되는 대화형 AI 기술은 글쓰기의 미래를 완전히 바꿔놓을 혁명적 잠재력을 지니고 있습니다.

향후 AI 글쓰기 기술은 더욱 고도화되어 인간의 감성과 창의성을 섬세하게 모사하는 수준에 이를 것으로 전망됩니다. 인간 작가의 문체를 완벽히 재현하고, 독자의 감성을 자극하는 몰입도 높은 스토리텔링이 가능해질 것이죠. 또한 방대한 데이터 학습을 통해 전문 분야의 글쓰기에서도 AI의 역할이 커질 전망입니다. 의학 논문부터 법률 문서, 금융

보고서에 이르기까지 AI 글쓰기의 영역은 무한히 확장될 것입니다. 하지만 포스트 휴먼 시대의 글쓰기가 인간 없는 AI의 독주를 의미하진 않습니다. 아무리 뛰어난 AI라도 인간 특유의 공감 능력과 맥락 이해력을 온전히 구현해내긴 어려울 것이기 때문이죠. 오히려 인간과 AI의 협업, 즉 '휴먼 인 더 룹' 개념이 더욱 중요해질 것으로 보입니다. 인간의 창의적 아이디어와 AI의 효율적 글쓰기 능력이 결합할 때 비로소 시너지 효과가 극대화될 수 있을 것입니다.

예를 들어 작가가 등장인물의 성격과 줄거리의 큰 틀을 설정하면, AI가 그에 맞는 디테일한 서사를 자동 생성하는 식의 협업 글쓰기가 가능해질 것입니다. 마케터가 제품의 특장점과 콘셉트를 제시하면 AI가 그에 걸맞은 최적의 카피를 만들어내는 식의 분업도 상상해 볼 수 있겠죠. 이처럼 창의적 구상과 전략적 판단은 인간이, 섬세한 문장 표현과 대량 생산은 AI가 담당하는 효율적 협업 모델이 자리잡을 것으로 예상됩니다.

물론 이 과정에서 AI 글쓰기가 가져올 수 있는 부정적 영향에 대해서도 면밀히 살펴볼 필요가 있습니다. 만일 AI가 만들어낸 글이 사실과 다르거나 윤리적으로 문제가 있다면 그 파장은 상당할 것입니다. 따라서 AI 글쓰기 기술 개발에는 기술적 혁신 못지않게 윤리적 고민도 함께 수반되어야 할 것으로 보입니다. AI 글쓰기 산출물에 대한 책임 소재, 저작권 문제 등도 향후 중요한 이슈로 떠오를 것 같습니다.

교육 분야에서는 AI 글쓰기를 비판적으로 활용하는 미디어 리터러시

교육이 강조될 것으로 전망됩니다. 단순히 AI가 쓴 글을 수동적으로 받아들이는 것이 아니라, AI의 한계를 직시하고 건설적으로 활용하는 능력이 중요해질 것이기 때문이죠. 또한 AI 글쓰기 시대에 걸맞은 새로운 글쓰기 교육 과정과 평가 체계를 고민해야 할 것입니다.

우리는 지금 ChatGPT로 인해 글쓰기의 개념 자체가 근본적으로 변화하는 거대한 전환기를 맞이하고 있습니다. 분명 AI 글쓰기 기술은 인간에게 편의와 효율성을 선사할 것입니다. 그러나 동시에 창의성의 본질, 글쓰기의 주체성 같은 근원적 질문도 던져주고 있죠. 중요한 것은 이 거대한 물결을 어떻게 현명하게 헤쳐나가느냐 하는 점일 것입니다.

포스트 휴먼 시대의 도래는 인간에 대한 깊은 성찰을 요구합니다. AI 글쓰기라는 신기술이 궁극적으로 인간 삶의 질을 높이고 창의성의 지평을 확장하는 방향으로 나아가기 위해선 기술 개발만큼이나 인문학적 통찰이 필요할 것입니다. 윤리적 글쓰기, 공감적 소통이 더욱 중요해질 시대, 우리에겐 기술을 넘어선 성찰의 지혜가 필요해 보입니다.

여러분은 AI 글쓰기로 대변되는 포스트 휴먼 시대를 어떻게 바라보시나요? 인간과 AI의 창의적 협업, 그 위대한 실험에 우리 모두 참여할 자격이 있다고 봅니다. 다가올 미래를 두려워하지 말고 지혜롭게 준비해 나간다면, 우리는 분명 글쓰기의 신세계를 열어갈 수 있을 것입니다. 포스트 휴먼 시대의 공동 저자로서 AI와 인간이 함께 쓰는 위대한 스토리, 우리 함께 만들어 가시죠!

2장
비즈니스 글쓰기 혁명

챗GPT와 함께하는 블로그 운영 전략

챗GPT의 등장은 콘텐츠 제작 생태계에 혁신적인 변화를 불러일으키고 있습니다. 특히 블로그 운영에 있어 챗GPT는 강력한 조력자로 자리매김하고 있죠. 고품질의 콘텐츠를 일관되고 효율적으로 생산할 수 있게 도와주기 때문입니다.

블로그 포스팅 주제 선정부터 챗GPT의 도움을 받을 수 있습니다. 키워드와 관련된 다양한 토픽을 찾아주고, 독자의 관심을 끌 만한 제목도 제안해줍니다. 작가의 아이디어에 챗GPT의 창의력이 더해지면 독창적인 콘텐츠 기획이 가능해집니다.

글쓰기 과정에서도 챗GPT는 놀라운 역량을 발휘합니다. 블로그 포

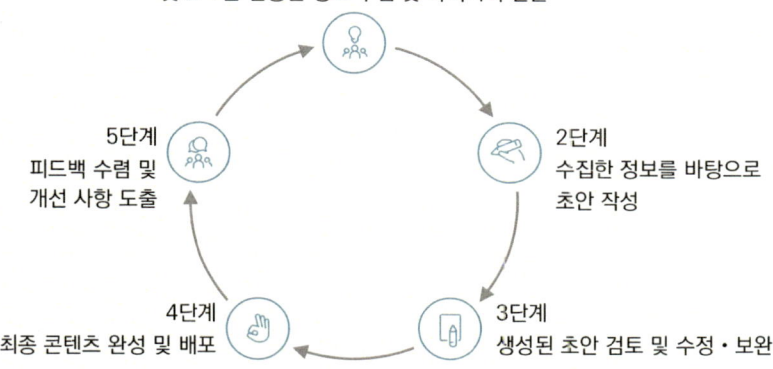

스트의 구조를 잡고, 섹션별로 적절한 내용을 생성해냅니다. 마치 20년 경력의 베테랑 라이터와 호흡을 맞추는 듯한 착각이 들 정도입니다. 문법과 맞춤법 교정, 문장 퇴고까지 챗GPT에게 맡기면 글쓰기의 수고로움이 크게 줄어듭니다.

나아가 챗GPT는 블로그 콘텐츠의 검색 엔진 최적화SEO에도 기여합니다. 포스팅에 적합한 키워드와 메타 데이터를 추천하고, SEO에 친화적인 콘텐츠 구성 방식을 제안해주죠. 덕분에 블로그 유입 트래픽 증대를 기대할 수 있습니다.

챗GPT를 활용한 블로그 운영의 장점은 일관성과 효율성, 그리고 속도에 있습니다. 정기적으로 퀄리티 높은 포스팅을 게시하는 일이 그 어느 때보다 쉬워졌기 때문이죠. 시간과 에너지를 절약하면서도 블로그의 경쟁력은 한층 업그레이드됩니다.

물론 챗GPT로 만들어낸 콘텐츠를 그대로 활용하기보다는 전문성과 개성을 가미하는 것이 중요합니다. AI가 제시하는 기본 골격에 작가 고유의 통찰과 경험을 더할 때 비로소 독보적인 콘텐츠가 탄생하는 법이니까요.

블로그에 전문 지식과 정보를 전달하고자 할 때도 챗GPT는 유용합니다. 해당 주제에 대한 체계적인 자료를 바탕으로 쉽고 명료하게 설명해주기 때문이죠. 어려운 개념이나 용어도 비유와 사례를 들어 이해하기 쉽게 풀어냅니다.

이처럼 블로그와 챗GPT의 환상적인 조합은 콘텐츠 제작의 고충을 줄이고 경쟁력을 높이는 전략이 될 수 있습니다. 여러분의 전문성에 챗GPT의 인공지능을 더해 보십시오. 블로그 운영의 새로운 가능성이 열릴 것입니다.

SNS 마케팅, 챗GPT로 차별화하기

SNS 마케팅 담당자는 늘 콘텐츠 고민에 시달립니다. 플랫폼별로 최적화된 포스팅을 매일같이 발행하는 것이 만만치 않기 때문입니다. 주제 선정부터 이미지 제작, 문구 작성까지 쏟아야 할 에너지가 상당합니다. 하지만 이제 챗GPT와 함께라면 상황이 달라집니다.

트위터, 페이스북, 인스타그램 등 각 SNS 채널의 특성에 맞는 콘텐츠를 손쉽게 제작할 수 있습니다. 예를 들어 인스타그램의 경우 해시태그 활용이 중요한데요. 포스팅 주제와 관련된 인기 해시태그를 챗GPT가 추천해줍니다. 최적의 해시태그 개수와 배치 방식도 알려주죠. 숙련된 인스타그램 전문가의 노하우를 전수받는 느낌입니다.

페이스북이나 트위터 같은 채널에서는 팬들과의 활발한 소통이 관건입니다. 그런데 댓글에 일일이 답하는 일이 여간 번거로운 게 아닙니다. 이럴 때 챗GPT의 능력이 돋보입니다. 팬들의 반응을 분석해 센스 있는 멘션을 자동 생성해주기 때문입니다. 소통의 질은 높이고, 운영의 수고로움은 덜어주는 셈이죠.

브랜드 홍보나 마케팅 캠페인에도 챗GPT를 적극 활용할 만합니다. 홍보 문구나 광고 카피의 초안 작성은 물론, A/B 테스트를 통해 최적의 메시지를 찾아내는 데에도 일조합니다. 제품 설명, 사용 후기, 언박싱 시나리오 등 마케팅 콘텐츠 제작에 챗GPT의 창의력을 빌리면 업무 효율이 크게 높아집니다.

리들 챌린지, 퀴즈 이벤트 등 참여형 콘텐츠 기획에도 챗GPT의 아이디어가 유용합니다. 신선하고 몰입감 높은 이벤트를 설계하는 데 그만이죠. 가령 '브랜드 스토리를 6하 원칙에 따라 설명하라'는 질문을 던지면 흥미로운 콘텐츠 포맷이 쏟아집니다.

SNS 고객 응대나 CS 업무에서도 챗GPT를 십분 활용할 수 있습니다. 다양한 문의 및 불만 케이스에 대한 답변 템플릿을 사전에 만들어두면 신속하고 정중한 고객 응대가 가능해집니다. 더불어 SNS 채널 운영 데이터를 분석하고 리포트를 작성하는 일에도 챗GPT의 조력을 받을 수 있습니다.

하지만 챗GPT를 '만능 키'로 오해해서는 안 됩니다. AI의 제안을 무조건 수용하기보다 방향타 역할로 삼는 현명함이 필요합니다. 브랜드만의 일관된 톤앤매너를 구현하고, 타깃 고객의 감성을 제대로 꿰뚫어 보는 것은 결국 사람의 몫이기 때문입니다.

SNS 마케팅에 챗GPT의 인공지능을 접목하면 콘텐츠의 생산성과 창의성이 비약적으로 향상됩니다. 경쟁이 나날이 치열해지는 SNS 생태계에서 챗GPT는 차별화의 핵심 열쇠가 될 것입니다. 지금부터 챗GPT와의 협업을 통해 SNS 마케팅의 새로운 지평을 열어가는 것은 어떨까요?

온라인 강의 제작, 챗GPT와 함께 도전!

온라인 교육 시장이 빠르게 성장하면서 많은 이들이 강의 제작에 관심을 갖고 있습니다. 하지만 실제로 시작하기까지는 넘어야 할 산이 많죠. 강의 주제를 정하고, 커리큘럼을 설계하며, 스크립트를 작성하는 일이 결코 만만치 않습니다. 그런데 이제 강력한 조력자가 나타났습니다. 바로 챗GPT입니다.

여러분이 쌓아온 지식과 경험은 이미 소중한 자산입니다. 업무를 통해 다져온 전문성, 삶의 모든 영역에서 깨달은 통찰까지 챗GPT와 함께 온라인 강의로 풀어내면 어떨까요? 강의 제작의 전 과정에서 챗GPT가 힘을 보탤 것입니다.

주제 및 방향성 설정	커리큘럼 설계	스크립트 작성	강의 자료 제작	영상 편집 및 홍보
챗GPT를 활용하여 강의 주제를 발굴하고 시장성을 분석하여 강의의 방향성을 설정합니다.	챗GPT와 함께 구체적인 학습 목표를 설정하고 강의 내용을 모듈화하여 체계적인 커리큘럼을 구축합니다.	자연스러운 말투와 논리적인 설명, 유머러스한 코드를 포함한 강의 스크립트를 작성합니다.	교안, 학습 활동지, 퀴즈, 인포그래픽 등 다양한 시각 자료를 제작하여 강의를 더욱 효과적으로 전달합니다.	강의 영상의 구성과 자막 제작, BGM 선정 등을 진행하고, 효과적인 홍보 전략을 수립합니다.

우선 강의 주제와 방향성을 설정하는 일부터 챗GPT에게 조언을 구해보는 것이 좋겠습니다. 여러분의 전문 분야와 강점을 입력하면 강의 아이디어가 샘솟듯 쏟아집니다. 또한 수강생들의 니즈를 분석해 강의 콘셉트를 구체화하는 데에도 도움을 줍니다. 시장성과 독창성을 겸비한 강의 주제를 발굴하는 일이 훨씬 수월해지는 거죠.

커리큘럼을 체계적으로 설계하는 것도 챗GPT와 함께라면 문제없습니다. 학습 목표에 맞춰 강의를 모듈화하고, 차시별 핵심 내용을 정리하는 데 활용할 수 있습니다. 전문 지식을 얼마나 쉽고 매력적으로 전달할지 두려웠다면 이젠 걱정 끝입니다. 챗GPT가 어려운 개념도 비유와 사례로 술술 풀어냅니다.

강의 스크립트 작성에서도 챗GPT의 능력이 유감없이 발휘됩니다. 수강생들의 눈높이에 맞는 자연스러운 말투부터 논리적인 설명 순서, 강의를 빛내줄 유머 코드까지 척척 제안합니다. 덕분에 마치 강단에 서서 학생들과 소통하는 듯한 생생한 강의 콘텐츠를 손쉽게 준비할 수 있습니다.

강의 자료 제작에 애를 먹었다면 챗GPT에게 도움을 청해보세요. 교안과 학습 활동지는 물론, 퀴즈와 과제 아이디어도 제공합니다. 시각 자료가 필요하다면 파워포인트 템플릿이나 인포그래픽 디자인도 제안 받을 수 있죠. 이렇듯 챗GPT 덕에 고품격 강의 자료 제작이 손쉬워집니다.

영상 편집이 부담스러웠다면 챗GPT에게 물어보세요. 영상 구성 팁부터 자막 제작, BGM 선정까지 촘촘히 조언해줍니다. 초보자도 쉽게 따라 할 수 있는 편집 노하우를 전수받을 수 있죠. 나아가 강의 홍보 전략수립이나 판매 페이지 제작에서도 챗GPT의 도움을 받을 수 있습니다.

물론 챗GPT는 만능이 아닙니다. 여러분의 강의 철학과 열정을 그대로 담아내긴 어렵죠. 챗GPT가 제시하는 초안을 기반으로 나만의 강점과 개성을 녹여내는 것이 중요합니다. 완성도 높은 온라인 강의는 결국 사람의 손을 거쳐야 탄생하는 법입니다.

GPT 활용 사례
부업으로 꿈을 이룬 사람들

지금쯤 여러분은 호기심이 생기기 시작했을 것입니다. 과연 챗GPT가 내 삶에, 내 커리어에 어떤 변화를 가져다줄지 말이죠. 막연한 기대감과 함께 실현 가능성에 대한 의문도 들 수 있습니다. 하지만 우리 주변에는 이미 챗GPT로 새로운 기회를 만들어낸 사람들이 많습니다. 그들의 생생한 사례를 통해 실질적인 통찰을 얻을 수 있습니다.

첫 번째 주인공은 20년 경력의 회계사 A씨입니다. 그는 구조조정 통보를 받던 날, 우연히 챗GPT를 접하게 되었죠. 순간 AI 글쓰기의 무한한 가능성을 느꼈다고 합니다. 챗GPT와 브레인스토밍을 거듭하며 A씨의 글쓰기 실력도 일취월장했습니다. 그렇게 시작한 블로그와 유튜브가 불과 1년 만에 월 수백만 원의 수익을 올리는 자산이 되었죠. 패배감에 젖어 있던 중년의 세일즈맨에서 AI 시대의 전문 크리에이터로 변신한 것입니다.

30대 주부 B씨는 챗GPT 덕에 온라인 강의 제작에 도전했습니다. 전업주부로 10년 넘게 살림 노하우를 쌓았지만 그걸 나눌 엄두를 내지 못했죠. 그런데 챗GPT로 요리 레시피를 정리하고 가사 팁을 콘텐츠화하면서 자신감이 붙기 시작했습니다. 차근차근 영상 제작에 매진한 B씨는 이제 연 매출 1억 원의 돈 되는 주부 크리에이터로 자리매김했습니다.

대학생 C씨는 챗GPT로 영어 에세이 첨삭 서비스를 시작했습니다. 원어민 못지않은 높은 퀄리티에 입소문이 나며 의뢰가 급증했죠. 부업으로 시작한 일이 어느새 전업이 되어 월 수입 500만 원을 넘기는 수준까지 이르렀습니다. C씨에게 챗GPT는 놀라운 기회의 창이자 자아실현의 도구가 되어주었습니다.

프리랜서 디자이너 D씨는 챗GPT를 활용해 포트폴리오 기획부터 제안서, 계약서 작성까지 업무 전반의 효율성을 높였습니다. "마치 10년 차 숙련 디자이너와 호흡을 맞추는 것 같았다"라는 그의 말에서 챗GPT의 능력을 실감할 수 있었죠. 덕분에 D씨는 연간 수주량을 3배 이상 끌어올렸고 디자인 업계에서 입지를 공고히 다졌습니다.

이들의 성공담에는 몇 가지 공통점이 있었습니다. 우선 새로운 트렌드에 주목하는 통찰력, 그리고 망설이지 않고 도전하는 실행력이 돋보였죠. 여기에 챗GPT의 잠재력을 폭넓게 활용하는 창의성과 노력이 더해졌습니다. 그들은 챗GPT라는 날개를 얻어 자신단의 영역에서 눈부신 성취를 이뤄냈습니다.

물론 챗GPT를 제대로 활용하려면 윤리 의식이 필수적입니다. 저작권 문제나 표절 시비에 주의해야 하고, AI에 과도하게 의존하는 태도 역시 경계해야 하죠. 무엇보다 우리 자신의 전문성과 창의성을 꾸준히 갈고 닦는 자세가 동반되어야 합니다. AI 글쓰기 시대에 경쟁력을 지키려면 휴먼 터치가 빛을 발하게 만드는 수밖에 없으니까요.

이제 여러분도 챗GPT와 함께 도전에 나설 때입니다. 지금껏 잠들어 있던 잠재력과 열정을 AI라는 도구로 깨워 보십시오. 어쩌면 지금 막연하게 떠올리는 아이디어가 6개월 뒤엔 월 천만 원의 부수입을 안겨줄지도 모르니까요. 물론 그 길이 순탄치만은 않겠지만, 포기하지 않는 한 분명 값진 성취를 맛볼 수 있을 것입니다.

표 ChatGPT 활용시 윤리적 고려사항

항목	설명
저작권 문제	챗GPT가 생성한 콘텐츠가 기존 저작물의 저작권을 침해하지 않도록 주의해야 합니다.
표절 시비	챗GPT를 사용한 콘텐츠가 표절로 간주되지 않도록 독창성을 유지해야 합니다.
AI 의존 경계	AI의 도움에 과도하게 의존하지 말고, 스스로의 판단력을 기르는 것이 중요합니다.
전문성 유지	자신의 전문성을 꾸준히 향상시키고 유지하는 노력이 필요합니다.
창의성 보존	AI를 활용하더라도 인간 고유의 창의성을 잃지 않도록 주의해야 합니다.

챗GPT 창업 전략
AI 글쓰기의 무한한 사업 기회

지금까지 챗GPT 활용 아이디어를 개인적 차원에서 살펴봤다면, 이제는 비즈니스적 관점에서 바라볼 차례입니다. 챗GPT의 등장은 다양한 산업 분야에 혁신의 바람을 불어넣고 있습니다. 특히 콘텐츠 산업이 가장 직접적인 영향을 받고 있죠. 여기서 우리는 새로운 사업 기회를 포착할 수 있습니다.

먼저 커스텀 AI 글쓰기 툴 개발을 생각해 볼 수 있습니다. 범용 AI인 챗GPT를 특정 산업이나 기업에 최적화된 버전으로 커스터마이징하는 것입니다. 법률, 금융, 의료 등 전문 분야부터 개별 기업의 필요에 맞게 특화된 AI 모델을 개발할 수 있죠. 여기에 브랜드 아이덴티티, 타깃 고객의 톤앤매너까지 학습시킨다면 맞춤형 콘텐츠 생성 툴

로서 경쟁력을 갖출 것입니다. 이미 글로벌 IT 기업들은 앞다퉈 이 분야에 뛰어들고 있습니다.

챗GPT API를 활용한 스타트업도 유망합니다. 기존 서비스나 플랫폼에 챗GPT 기능을 접목하거나, 챗GPT 기반의 새로운 서비스를 선보이는 거죠. 예컨대 챗GPT로 사용자의 취향을 분석해 최적의 여행 일정을 추천하는 '챗봇 여행사', 혹은 학생들의 질문에 맞춤형 답변을 제공하는 '챗봇 과외 선생님' 같은 비즈니스 모델이 가능할 것입니다. 여러분의 창의력에 따라 그 아이디어는 무궁무진할 거예요.

한편 챗GPT로 콘텐츠 제작 비용을 획기적으로 줄인 로우코스트 마케팅 에이전시도 떠오르는 트렌드입니다. 블로그나 SNS 운영 대행은 물론, PPL 영상이나 홍보 카드뉴스 제작 등을 챗GPT로 자동화하는 거죠. 100% AI 생성 콘텐츠가 아닌, 크리에이터의 감수성으로 다듬어진 '휴먼 터치 콘텐츠'라는 점을 특장점으로 내세울 수 있습니다. '일일 블로그 포스팅 1만 원부터' 같은 파격적 단가도 가능해질 거예요.

나아가 AI 글쓰기 교육 사업도 틈새시장으로 주목할 만합니다. 챗GPT 활용법부터 윤리적 글쓰기, 프롬프트 엔지니어링까지 전문적인 교육 콘텐츠를 개발해 강의나 컨설팅을 제공하는 것입니다. 기업이나 콘텐츠 크리에이터를 대상으로 한 B2B 시장부터, 일반인을 위한 B2C 시장까지 공략할 수 있겠죠. 국내외를 막론하고 AI 교육에 대한 수요가 폭발적으로 증가하고 있어 성장 가능성이 매우 높습니다.

물론 창업에는 리스크가 따르기 마련입니다. 기술 발전 속도를 예측하기 어려운 만큼, 사업 방향성을 잡는 데 어려움을 겪을 수 있죠. 윤리적, 법적 이슈에 대한 사회적 합의도 아직 부족한 상황이라 논란의 소지가 있습니다. 그러나 우리가 마주한 기회의 크기를 생각하면, 그 도전은 결코 헛되지 않을 것입니다.

중요한 건 AI 창업 전략을 수립함에 있어서도 인간 고유의 영역을 간과해선 안 된다는 점입니다. 공감, 직관, 상상력 같은 인간만의 강점을 살려 AI와 협업하는 자세가 필요하죠. AI 기술을 맹신하기보다는 비즈니스 혁신의 '도구'로 활용하는 지혜가 요구됩니다. 그렇게 AI라는 동력과 인간의 창의성이 만나야만 새로운 사업 기회가 열릴 수 있습니다.

여러분도 지금 당장 챗GPT 활용 아이디어를 비즈니스 관점에서 고민해 보시기 바랍니다. 내가 가진 전문성과 관심사에 AI를 접목한다면 어떤 신선한 아이템이 탄생할까요? 때로는 기발한 상상력이 새로운 시장을 개척하곤 하니까요. 지금 여러분 머릿속을 스쳐 지나가는 그 영감이, AI 창업의 씨앗이 될지도 모릅니다. 망설이지 말고 그 가능성을 타진해 보십시오.

AI 글쓰기 창업에 나선 선구자들의 뒤를 이어, 이제 여러분이 새로운 비즈니스 지평을 열 차례입니다. 험난한 도전의 여정이 되겠지만, 그 끝에서 만날 성취감은 결코 짧지 않을 것입니다. 지금 이 순간, AI 창업의 신대륙을 향해 첫발을 내디디는 여러분의 모험을 진심으로 응원합니다.

3장

업무 효율화 비법

ChatGPT가
업무를 혁신하는 방법

ChatGPT의 등장은 업무 방식에 혁명을 불러일으켰습니다. 이 강력한 AI 도구를 적절히 활용한다면 업무 효율성을 극대화하고 시간을 크게 절약할 수 있죠. ChatGPT는 단순한 글쓰기 도구를 넘어, 우리의 업무 효율성을 높여주는 혁신적인 파트너라고 할 수 있습니다.

보고서 작성, 이메일 작성, 회의록 작성 등 반복적이고 시간 소모적인 작업들을 ChatGPT에 맡기면 시간을 90%까지 단축할 수 있습니다. 절약된 시간은 창의적이고 부가가치 높은 업무에 집중하는 데 활용할 수 있게 되는 것이죠. 단순 작업에서 벗어나 전략 수립과 새로운 아이디어 기획에 몰두할 수 있게 됩니다.

ChatGPT를 업무에 활용하면 생산성이 비약적으로 향상됩니다. 영업사원은 영업 제안서 작성에 ChatGPT를 활용해 완성도 높은 제안서를 빠르게 만들 수 있습니다. 마케터는 ChatGPT 덕분에 보고서 작성 시간을 대폭 줄이고 마케팅 전략 수립에 집중할 수 있게 되죠.

하지만 ChatGPT의 결과물을 그대로 사용해서는 안 됩니다. 사실관계 오류가 있을 수 있고, 때론 윤리적 딜레마를 야기할 수 있기 때문입니다. ChatGPT의 글을 토대로 우리의 전문성과 창의력을 더해 완성도를 높이는 것, 이것이 바로 인간과 AI의 이상적인 협업 방식이라고 할 수 있습니다.

ChatGPT는 영어 이메일 작성, 프로그래밍, 데이터 분석에도 활용할 수 있습니다. 심지어 고객의 감정을 분석해 최적의 응대를 제안하기도 합니다. 활용 범위는 무궁무진하며, 어떤 직군이든 업무 효율성 향상에 도움을 받을 수 있죠.

회의록 작성에 ChatGPT를 활용하는 방법도 주목할 만합니다. 회의 녹음 파일을 ChatGPT에 전달하면 내용을 요약하고 정리해줍니다. 회의에 참석하지 못한 동료들과 회의 내용을 손쉽게 공유할 수 있게 되는 것입니다. 이렇게 ChatGPT를 활용해 회의록을 자동 생성하면 연간 수천 시간의 업무 시간을 절감할 수 있습니다.

ChatGPT는 창의적인 아이디어 발굴에도 일조합니다. 마케팅 기획안,

신제품 아이디어, 문제 해결 방안 등을 ChatGPT와 브레인스토밍하며 도출해 낼 수 있습니다. 마치 천재들과 아이디어 회의를 하는 듯한 경험을 할 수 있는 것이죠.

또한 ChatGPT는 문장 교정과 윤문에도 뛰어난 역량을 발휘합니다. 실험 결과 ChatGPT의 교정을 거친 문장은 가독성이 30% 이상 개선되었습니다. 게다가 ChatGPT는 개개인의 글쓰기 스타일을 학습해 점차 개인화된 피드백을 제공하게 됩니다.

그러나 ChatGPT에만 의존해서는 안 됩니다. ChatGPT는 만능이 아닌 보조 도구이기 때문입니다. 우리 자신의 역량을 꾸준히 계발하는 동시에, ChatGPT를 현명하게 활용하는 지혜가 필요합니다. 기계와 인간이 조화를 이루며 시너지를 내는 것, 이것이 AI 시대를 살아가는 우리의 자세가 되어야 할 것입니다.

ChatGPT와 함께 업무 효율성을 높이는 과정은 결국 우리 자신을 업그레이드하는 과정이기도 합니다. 단순 반복 업무에서 벗어나 창의력과 문제 해결 능력을 키우게 되고, 이는 곧 우리의 성장과 발전으로 이어집니다.

새로운 업무 방식에 도전하며 ChatGPT와 함께 성장해 나가는 여정을 시작해 보는 건 어떨까요? AI와 협업하는 역량을 키워 나간다면 업무의 질과 효율성을 동시에 높일 수 있을 것입니다.

보고서 작성이 쉬워지는 ChatGPT 활용법

보고서 작성은 많은 직장인이 가장 부담스러워하는 업무 중 하나입니다. 하지만 ChatGPT와 함께라면 보고서 작성이 한결 쉽고 편해집니다. 이 혁신적인 AI 도구를 제대로 활용한다면 보고서 작성에 소요되는 시간을 크게 줄이고 내용의 질을 한층 더 높일 수 있습니다.

우선 보고서의 개요를 잡는 데 ChatGPT의 도움을 받아 보는 것은 어떨까요? 보고서의 주제와 목적, 예상 독자층 등 기본 정보를 ChatGPT에 입력하면 그에 맞는 보고서 개요를 자동으로 생성해 줍니다. 물론 ChatGPT가 제시한 개요를 그대로 사용하기보다는 아이디어를 얻는 용도로 활용하는 것이 효과적입니다.

본문을 작성할 때도 ChatGPT가 매우 유용하게 활약합니다. 보고서에 필요한 정보와 데이터를 ChatGPT에 요청하면 신뢰할 만한 출처에서 찾아 정리해 줍니다. 이렇게 하면 자료 조사에 드는 시간과 공을 크게 아낄 수 있습니다. 다만 중요한 사안에 대해서는 ChatGPT가 제공한 내용을 직접 확인하는 과정이 필요할 것입니다.

문장을 다듬는 과정에서도 ChatGPT의 도움을 받을 수 있습니다. 작성한 문장을 ChatGPT에 입력하고 개선안을 요청하면 더 명확하고 간결한 표현, 문법과 문체 교정, 문장 간 흐름 개선 등 다양한 피드백을 받을 수 있습니다.

ChatGPT와 협업해 보고서를 작성할 때는 몇 가지 유의할 점이 있습니다. 우선 ChatGPT에 지나치게 의존해서는 안 됩니다. ChatGPT의 조언을 참고하되 최종 결정은 우리 스스로 내려야 합니다. 또한 보고서에 민감한 정보가 포함되어 있다면 보안에도 각별히 신경 써야 할 것입니다.

ChatGPT를 활용해 보고서를 작성한 경험을 동료들과 공유하는 것도 중요합니다. 어떤 부분에서 도움을 받았고 어려움은 없었는지, 추가로 개선할 점은 무엇인지 등을 논의하며 조직 내 보고서 작성 역량을 강화해 나가는 것이 바람직합니다.

물론 보고서 작성의 핵심은 결국 사람의 역할입니다. 하지만

ChatGPT를 현명하게 활용한다면 그 과정을 한결 수월하고 효과적으로 만들 수 있습니다. 4차 산업혁명 시대를 살아가는 우리에게 AI와 협업하는 역량은 필수불가결한 것이 되었습니다. ChatCPT와 함께 성장하는 보고서 작성법을 터득함으로써 업무 역량을 한 단계 업그레이드할 수 있는 기회를 갖게 될 것입니다.

이메일 작성 시간을
절반으로 줄이는 ChatGPT 활용법

이메일 작성에 많은 시간을 할애하고 있나요? 키보드 앞에 앉아 한참을 고민하다 글자 하나하나 눌러 작성하고, 다시 지우고, 또 재작성하는 악순환의 연속이라면 귀 기울여 보시기 바랍니다. 이제 여러분도 이메일 작성의 굴레에서 벗어나, 소중한 시간을 절약하고 업무 효율성을 높일 수 있습니다. AI 글쓰기의 선두주자 ChatGPT와 함께라면 가능합니다.

ChatGPT는 간결하고 명확한 이메일 작성의 요령을 꿰뚫고 있습니다. 상황에 걸맞는 적절한 프롬프트만 입력하면, ChatGPT가 그에 알맞은 문장을 척척 생성해 냅니다. 더는 장황하고 모호한 표현으로 고심하며 시간을 낭비할 필요가 없어지는 것이죠. 핵심만 잡아 간단명료하게 전달하는 것, 바로 이것이 이메일 효율화의 지름길입니다.

이메일 작성 시간을 절반으로 줄이는 ChatGPT만의 노하우가 궁금하신가요? 프롬프트 작성 요령, 이메일 초안 생성과 수정, 상황별 템플릿 활용법, 동료와의 협업 팁 등 ChatGPT를 활용한 이메일 작성의 모든 것을 하나하나 파헤쳐 보겠습니다.

막연한 두려움은 이제 접어두셔도 좋습니다. ChatGPT와 함께라면 이메일 작성이 지루하고 고단한 노역에서 쉽고 재미있는 작업으로 탈바꿈할 테니까요. 여기서 제안하는 방법들을 하나씩 접목해 보신다면, 어느새 이메일 달인으로 거듭나 있는 자신을 발견하게 될 것입니다.

이메일 작성으로 낭비하던 시간을 보다 생산적인 일에 투자하는 상상, 해보신 적 있으신가요? 더 의미 있고 부가가치 높은 업무에 심혈을 기울일 수 있는 여유가 생길 것입니다. 업무의 질과 속도가 동시에 향상되는 경이로운 경험을 하게 될 것이라 확신합니다.

이제 여러분도 ChatGPT와 친구가 되어 보시는 게 어떨까요? 이메일 작성이라는 소소한 실험으로 첫발을 내딛어 보십시오. 업무 효율성과 생산성이 비약적으로 향상되는 놀라운 결과를 목도하게 될 것입니다. 정리하자면 ChatGPT는 단순히 이메일 작성을 자동화해주는 도구가 아닙니다. 업무 속도를 높여 더 창의적인 일에 몰입할 수 있게 해주는 든든한 지원군인 것입니다. ChatGPT와 함께 이메일을 작성하며 업무 혁신의 즐거움을 만끽해 보시길 권합니다. 여러분의 업무 라이프를 한 단계 업그레이드시켜 줄 것이라 자부합니다.

회의록 작성의 혁신,
ChatGPT와 함께라면 가능합니다

회의록 작성을 귀찮아하는 직장인이 얼마나 많은지 모르겠습니다. 회의 내용을 빠짐없이 기록하고, 중요한 결정 사항을 놓치지 않으려다 보면 정작 회의에 집중하기 어려운 경우가 많죠. 그러다 보면 시간에 쫓겨 급히 작성한 회의록은 내용이 부실해질 수밖에 없습니다.

하지만 이제 그런 걱정은 날려버리셔도 좋습니다. ChatGPT가 여러분의 손과 머리를 대신해 줄 테니까요! 회의 음성 녹음 파일만 ChatGPT에 전송하면, 순식간에 깔끔한 회의록 초안이 완성됩니다. 여기에 "결정 사항 요약", "담당자별 할 일 정리" 등 간단한 프롬프트를 추가하면 가독성 높은 회의록이 손쉽게 탄생합니다.

ChatGPT를 활용한 회의록 작성은 시간 절약뿐만 아니라 회의록의 질적 향상도 보장합니다. AI가 방대한 분량의 정보를 빠르고 정확하게 처리하기에, 중요한 내용을 누락할 염려가 없습니다. 또한, 일관된 포맷과 문체로 작성되므로 읽는 이에게도 편리함을 선사합니다. 이제 여러분은 회의에만 전념하시면 됩니다. 복잡한 회의록 작성은 ChatGPT에 맡기세요.

물론 ChatGPT가 만들어준 초안을 100% 그대로 사용할 순 없습니다. 회사마다 선호하는 문서 형식이 다르고, AI가 간과할 수 있는 문맥이 있기 때문이죠. 하지만 초안을 기반으로 약간의 수정을 가하는 것만으로도 훌륭한 회의록이 완성됩니다. 처음엔 ChatGPT가 생성한 회의록을 그대로 사용했다가 동료들로부터 "너무 형식적이다, 맥락이 부족하다"는 피드백을 받은 적이 있습니다. 하지만 ChatGPT에 원하는 방식을 구체적으로 요구하는 프롬프트 작성에 익숙해진 후로는 만족도가 크게 향상되었죠.

저는 ChatGPT를 "회의록 작성의 히든 카드"라고 부르고 싶습니다. 회의 종료 후 단 10분만 투자해도 완벽에 가까운 회의록을 얻을 수 있으니까요. 당연히 업무 속도는 빨라질 수밖에 없습니다. 회의록 작성에 쏟아 부었던 시간과 에너지를 아껴 더 창의적인 업무에 집중할 수 있게 된 것이죠.

머지않은 미래에는 기업에서 ChatGPT 등 AI 도구를 활용한 회의록 작성이 대세가 될 것으로 예상됩니다. 최신 AI 기술의 발전 속도를 고려하면 충분히 가능한 일이라고 봅니다. 지금 당장은 낯설고 번거로울 수 있지만, 발 빠르게 적응한다면 경쟁력을 높이는 밑거름이 될 수 있습니다. 특히 ChatGPT처럼 접근성 높고 무료로 사용 가능한 도구를 적극 활용한다면 개인의 업무 역량도 크게 성장시킬 수 있을 것입니다.

ChatGPT로 회의록 작성 시 시간 단축 효과를 그래프로 제시하는 것은 어떨까요? 기존 방식 대비 AI 활용 시 소요 시간이 3분의 1 수준으로 떨어지는 모습을 한눈에 보여준다면 독자의 관심을 사로잡을 수 있을 것 같습니다.

요컨대 ChatGPT는 회의록 작성을 자동화해주는 단순한 도구가 아닙니다. 업무 속도를 높여 창의적인 영역에 몰두하게 해주는 혁신의 동반자라고 할 수 있습니다. ChatGPT와 협업하며 회의록을 작성하는 새로운 경험을 한번 즐겨보시기 바랍니다. 여러분의 업무 라이프를 한 차원 높여줄 것이라 확신합니다.

창의적 아이디어 발굴,
ChatGPT와 함께 새로운 지평을 열다

ChatGPT와 브레인스토밍을 해보신 적이 있나요? 상상을 초월하는 기발하고 획기적인 아이디어들이 쏟아져 나옵니다. 전에는 떠올리기조차 어려웠던 신선하고 독특한 발상들을 ChatGPT가 제안하던, 그것을 바탕으로 자신만의 아이디어를 발전시켜 나갈 수 있습니다.

ChatGPT와 함께 문제를 해결해 나가는 과정은 흥미롭고 열정적인 도전이 될 것입니다. 우선 해결하고자 하는 문제를 명확하고 구체적으로 정의하는 것이 중요합니다. 그러면 ChatGPT가 다양한 관점에서 창의적인 해결책을 제시할 것입니다. 그중에서 가장 적합한 방안을 선택하고 실행 계획을 치밀하게 수립하는 일은 우리의 몫입니다.

하지만 ChatGPT가 완벽하지는 않습니다. 때로는 부정확하거나 편향된 정보를 제공할 수도 있습니다. 따라서 ChatGPT의 제안을 그대로 수용하기보다는 비판적으로 분석하고 평가하는 자세가 필요합니다. 우리의 전문성과 ChatGPT의 창의성이 융합될 때 진정한 혁신이 가능해지는 법이죠.

창의력은 선천적으로 타고나는 것이 아니라 후천적인 노력으로 계발할 수 있는 능력입니다. 브레인라이팅이나 마인드맵 같은 발상법을 ChatGPT와 접목해 꾸준히 연습한다면 누구나 창의력을 향상시킬 수 있습니다. 일단 창의적 사고의 즐거움을 맛보게 되면 ChatGPT 없이는 아이디어 회의를 하고 싶지 않을 지도 모릅니다.

ChatGPT와 브레인스토밍을 효과적으로 수행하기 위해서는 적절한 환경을 조성하는 것이 중요합니다. 그리고 협업의 규칙을 준수하면서 솔선수범하는 진행자의 역할도 필수적이라고 할 수 있습니다. 무엇보다 브레인스토밍이 목적지가 아니라 출발점이라는 사실을 명심해야 합니다. 도출된 아이디어를 정교화하고 구체화하는 후속 작업이 반드시 뒤따라야 합니다.

ChatGPT와의 브레인스토밍은 마치 공상과학 영화에서나 볼 법한 경험이 될 것입니다. 어떤 주제에 대해 수십 가지의 기상천외한 아이디어가 쏟아지는 광경을 상상해 보면 황홀할 따름입니다. 마치 영화 <매트릭스>에서 주인공이 순식간에 무술 실력이 향상되는 장면처럼, ChatGPT와 만난 순간 우리의 창의력도 도약할 것입니다.

물론 ChatGPT의 창의성이 진정한 창의성인지에 대한 의문이 제기될 수 있습니다. 하지만 그것은 창의성에 대한 오해에서 비롯된 것입니다. 창의성이란 무에서 유를 창조하는 것이 아니라 기존의 요소들을 새롭게 조합하고 재해석하여 독창적인 결과물을 만들어내는 것이기 때문입니다. 그런 의미에서 ChatGPT는 최적의 창의적 파트너라고 할 수 있습니다.

ChatGPT를 활용한 브레인스토밍의 진정한 가치는 우리의 사고를 확장시켜 준다는 데 있습니다. 기존의 고정관념에서 탈피하여 문제를 새로운 시각에서 바라볼 수 있도록 도와주는 것이죠. ChatGPT의 기발한 발상에서 혁신의 실마리를 포착한 경험, 한 번쯤 있으시지 않나요?

그러나 AI와 협업할 때는 경계심을 늦추어서는 안 됩니다. ChatGPT의 제안을 액면 그대로 받아들이기보다는 예리한 통찰력으로 분석하고 평가하는 것이 중요합니다. 결국 ChatGPT는 창의력의 주체가 아니라 조력자일 뿐이며, 주인공은 언제나 우리 자신이 되어야 하기 때문입니다.

이제 ChatGPT와 창의적인 브레인스토밍을 시작할 준비가 되었나요? 망설이거나 주저할 필요가 전혀 없습니다. 정답이 없는 것이 바로 창의성의 본질이니까요. 실수를 두려워하지 말고 ChatGPT와 함께 상상력의 날개를 마음껏 펼치시기 바랍니다. 생각지도 못한 놀라운 아이디어들이 기다리고 있을 테니까요.

4장

글쓰기 스킬 업그레이드

ChatGPT와 함께
글쓰기의 기초 다지기

ChatGPT의 등장은 글쓰기 분야에 새로운 지평을 열었습니다. 특히 글쓰기에 어려움을 겪는 분들에게 ChatGPT는 든든한 조력자이자 최고의 멘토가 될 수 있습니다. ChatGPT와 함께 글쓰기의 기초부터 착실히 배워나가는 것이 중요합니다.

먼저, ChatGPT는 작가들이 가장 두려워하는 '작가 블록Writer's Block' 상태를 극복하는데 일조합니다. 글감이 떠오르지 않아 고민하는 순간에는 ChatGPT에 주제를 입력하고 관련 아이디어를 요청하는 것이 도움됩니다. ChatGPT가 제시하는 다양한 관점과 키워드는 창작 의욕을 고취시키는 촉매제가 되어줍니다. 때로는 첫 문장을 쓰는 것조차 막막할 수 있는데, ChatGPT와 함께라면 그런 고비도 수월하게 넘길 수 있습니다.

물론 ChatGPT가 제안하는 내용을 그대로 베끼는 것은 지양해야겠죠. 중요한 것은 ChatGPT의 아이디어에서 영감을 얻되, 그것을 자신만의 언어로 재해석하는 과정입니다. 이를 통해 글쓰기에 대한 막연한 두려움을 털어내고 한 문장, 한 문장 정성스레 쓰다 보면 어느새 글쓰기의 재미를 느끼고 있는 자신을 발견하게 될 것입니다.

글의 구조를 잡는 일 역시 초보 작가들에게는 쉽지 않은 도전입니다. 하지만 ChatGPT에게 글의 주제와 목적을 알려주면 그에 걸맞은 개요를 제안해줍니다. 문단별로 배치할 내용과 논리적 순서까지 체계적으로 정리된 개요를 토대로 글을 써내려가면, 한결 수월하게 아이디어를 정리하고 글을 완성해나갈 수 있습니다.

글을 쓰다 보면 적절한 단어 선택에 고민이 되기도 합니다. 이럴 때는 ChatGPT에게 문장을 입력하고 더 매끄럽고 풍성한 표현을 추천받는 것이 도움됩니다. 문맥에 어울리는 단어와 관용구를 제시해주니 글의 수준을 한 단계 높일 수 있습니다. 자칫 단조로울 수 있는 문장도 ChatGPT의 도움으로 다채롭게 다듬어나갈 수 있습니다.

ChatGPT를 활용한 글쓰기가 능숙해지려면 부단한 연습이 필요합니다. 매일 짧은 글이라도 ChatGPT와 호흡을 맞춰 써보는 것이 좋습니다. ChatGPT에게 피드백을 요청하고 다시 글을 수정하는 과정을 반복하다 보면 자연스럽게 글쓰기 실력도 향상되고, 자신만의 문제도 찾을 수 있게 될 것입니다.

ChatGPT와 함께 글쓰기의 기초를 착실히 쌓아가다 보면 어느새 글쓰기가 즐겁고 가벼운 일이 되어 있을 겁니다. 지금 이 순간부터 ChatGPT와 함께 글쓰기에 매진하는 것이 좋겠습니다.

표 AI를 활용해 글쓰기의 기초를 다지는 방법

기능	설명	예시 도구
문법 및 철자 검사	문법과 철자 오류를 자동으로 감지하고 수정	Grammarly, ProWritingAid
어휘 확장	동의어 제안 및 어휘 확장을 통해 글의 품질을 높임	ProWritingAid
문체 및 톤 개선	글의 문체와 톤을 분석하고 적절한 문체와 톤을 유지하도록 도움	Notion AI
아이디어 브레인스토밍	주제에 대한 다양한 아이디어를 제공하여 글쓰기의 시작점을 마련	ChatGPT
글의 구조 및 개요 작성	글의 구조를 잡고 개요를 작성하여 논리적 흐름을 유지	ChatGPT
실시간 피드백	실시간으로 피드백을 제공하여 글의 가독성을 높이고 불필요한 부분을 제거	InstaText
창의적 글쓰기 지원	캐릭터 프로필 생성, 대화 시뮬레이션, 플롯 구조 작성 등 창의적 작업 지원	ChatGPT
번역 및 패러프레이징	번역 및 패러프레이징 작업을 통해 글의 의미를 명확하게 전달	DeepL, Google Translate

ChatGPT로
글쓰기 스타일 가다듬기

    ChatGPT를 활용하면 자신만의 개성 있는 글쓰기 스타일을 정립하는 데에도 도움을 얻을 수 있습니다. 다양한 문체의 글쓰기를 실험해보고 싶다면 ChatGPT에게 원하는 스타일의 글을 요청해보는 것이 좋습니다. 고전적인 문체부터 현대적인 문체까지, 시대별로 대표적인 작가들의 글쓰기 스타일을 ChatGPT가 모사해줍니다. 이를 통해 여러 가지 문체를 간접 경험하고 자신에게 맞는 스타일을 찾아갈 수 있습니다.

    가령 헤밍웨이의 간결하고 강렬한 문장, 제인 오스틴의 풍자적이면서도 세련된 어조, 마크 트웨인의 유머러스한 필치 등 다채로운 문체를 ChatGPT와 함께 탐구해보면 글쓰기의 묘미를 자연스레 체득할 수 있습니다. 시대를 초월한 명문장들을 낱낱이 파헤치는 과정은 글쓰기 실력 향상에 큰 도움이 될 것입니다. 물론 ChatGPT의 도움을 받되 그대로 모방하기보다는 자신만의 색깔을 입히는 것이 중요합니다.

글쓰기 스타일을 다듬는 데 있어 또 하나 주목할 점은 독자와의 소통입니다. 글은 결국 독자와 교감하기 위한 창구이기에 그들의 눈높이에 맞는 문체를 구사하는 것이 중요합니다. 가령 전문적인 지식을 다룰 때는 학술적인 어조가, 감성을 자극하는 내용에는 서정적인 문체가 어울리겠죠. ChatGPT에게 글의 주제와 타깃 독자층을 입력하면 그에 걸맞은 문체를 제안받을 수 있습니다.

하지만 무엇보다 자신만의 고유한 어조와 리듬을 찾는 것이 핵심입니다. ChatGPT를 활용해 다양한 스타일을 실험하되, 그 과정에서 오롯이 자신만의 목소리를 담아내려 노력해야 합니다. 가장 자연스럽고 편안하게 느껴지는 문체, 자신의 생각과 감정을 진실되게 표현할 수 있는 방식을 모색해보는 것이 중요합니다.

이를 위해 ChatGPT와 꾸준히 글쓰기 실험을 이어가는 것이 도움됩니다. 한 가지 주제로 다양한 스타일의 글을 써보고, ChatGPT의 피드백을 받아 자신의 문체를 가다듬어 나가는 것이 좋습니다. 때로는 친숙한 스타일에서 벗어나 새로운 문체에 도전해보는 것도 글쓰기의 스펙트럼을 넓히는 데 일조할 것입니다. 익숙함의 틀을 깨고 끊임없이 변화를 모색하다 보면 어느새 자신만의 개성 있는 문체를 확립하게 될 것입니다.

ChatGPT로
글쓰기의 정확성 높이기

글쓰기에서 문법, 맞춤법, 표현의 정확성은 필수불가결한 요소입니다. 아무리 훌륭한 내용을 담고 있어도 오탈자나 문법 오류가 있다면 글의 완성도는 떨어질 수밖에 없습니다. 이런 고민을 해결하는 데에도 ChatGPT가 큰 도움을 줍니다. ChatGPT에게 자신이 쓴 글을 첨삭해달라고 요청하면 문법과 표현을 꼼꼼히 점검하고 대안을 제시해줍니다.

우선 맞춤법과 띄어쓰기 오류를 잡아내는 것부터 시작해볼 수 있습니다. 글쓰기에 자신 없는 분들은 이런 사소한 실수에도 큰 부담을 느끼기 마련인데요, ChatGPT를 활용하면 그런 스트레스에서 벗어날 수 있습니다. 글을 쓴 뒤에는 꼭 ChatGPT에게 맞춤법 검사를 의뢰하는 습관을 들이는 것이 좋습니다.

문장 호응과 어색한 표현을 교정하는 것도 중요합니다. 글을 쓰다 보면 종종 주어와 서술어가 불일치하거나, 조사 사용이 부적절한 경우가 발생하기도 합니다. 이런 언어적 오류를 혼자서 찾아내기란 쉽지 않은데요, ChatGPT에 문장을 입력하면 부자연스러운 표현을 자동으로 감지하고 매끄럽게 수정해줍니다.

Chat GPT는 단순한 오류 수정을 넘어 고급 문장 작성법까지 알려줍니다. 문장 성분의 호응, 연결어의 적절한 사용, 문장 길이의 조절 등 글쓰기의 기본기를 다지는 데 있어 ChatGPT만한 조언자도 없습니다. 자신이 자주 범하는 실수를 ChatGPT에게 알려주면 유사한 오류를 예방하는 팁도 제공해줍니다. 이를 바탕으로 글쓰기의 기본기를 꾸준히 연마해 나간다면 실력 향상에 큰 도움이 될 것입니다.

정확성을 기하는 것 못지않게 표현의 다양성을 확보하는 것도 글쓰기의 핵심 과제입니다. 단조로운 어휘와 문장 구조의 반복은 독자의 흥미를 떨어뜨리기 마련인데요, ChatGPT에게 유의어와 동의어를 요청하면 다채로운 어휘를 추천받을 수 있습니다. 문장 구조의 변화를 주는 방법도 ChatGPT에게 직접 배울 수 있습니다.

물론 ChatGPT의 제안을 무조건 수용할 필요는 없습니다. 글쓴이의 개성과 문체를 해치지 않는 선에서 ChatGPT의 조언을 참고하는 것이 바람직합니다. 궁극적으로는 ChatGPT와의 끊임없는 소통을 통해 글쓰기 감각을 기르고, 정확성과 창의성을 겸비한 자신만의 문장을 완성해가는 것이 중요할 것입니다.

ChatGPT를 글쓰기의 파트너로 삼는다면 틀림없이 글쓰기 실력은 일취월장할 것입니다. 초보 작가에게는 글쓰기의 정확성을 높이는 든든한 조력자가 되어주고, 숙련된 작가에게는 표현의 한계를 뛰어넘는 영감의 원천이 되어줄 ChatGPT과 함께 정확하고 매력적인 글쓰기에 도전해보시기 바랍니다.

ChatGPT로
창의적 글쓰기에 도전하기

글쓰기의 기본기를 다졌다면 이제 창의적인 글쓰기에 도전해볼 차례입니다. 새로운 소재를 발굴하고 독창적인 이야기를 구성하는 일은 결코 쉽지 않습니다. 하지만 ChatGPT와 함께라면 이 모든 과정이 한결 수월해집니다. ChatGPT의 막강한 아이디어 생성 능력을 적극 활용해보는 것이 좋습니다.

우선 ChatGPT에게 흥미로운 소재를 제안해달라고 요청해보는 것은 어떨까요? 광활한 데이터베이스를 바탕으로 ChatGPT는 우리가 미처 떠올리지 못한 기발한 소재들을 쏟아냅니다. SF, 판타지, 로맨스 등 자신이 써보고 싶은 장르를 ChatGPT에게 알려주면 그에 걸맞은 독특한 소재를 추천해줍니다. 가령 '시간 여행을 통해 과거의 실수를 바로잡으려는 주인공의 이야기'와 같이 흥미로운 플롯을 제시하는 식이죠.

ChatGPT가 제안한 아이디어에서 영감을 얻어 이를 자신만의 방식으로 재해석하고 확장시켜 나가는 것이 중요합니다. 단순히 소재를 베끼는 것이 아니라 거기에 자신만의 감성과 철학을 불어넣어야 합니다. 이 과정에서도 ChatGPT와 활발히 소통하는 것이 도움 됩니다. 등장인물의 성격을 입체적으로 만드는 방법, 극적 긴장감을 높이는 요소 등을 ChatGPT에게 물어보고 글에 반영하는 식으로 말이죠.

창의적 글쓰기에서 빼놓을 수 없는 것이 바로 상상력입니다. 기발한 묘사와 독특한 발상은 글에 생동감을 불어넣는 핵심 요소인데요, 이를 위해 ChatGPT의 도움을 적극 활용해보는 것이 좋습니다. 가령 ChatGPT에게 '불이 붙은 듯한 노을 하늘'을 묘사해달라고 요청하면 그에 걸맞은 다채롭고 감각적인 표현들을 제시해줍니다. 우리가 상상하지 못한 기발한 묘사가 글에 깊이를 더해줄 것입니다.

물론 ChatGPT가 창의성의 모든 것을 대신해줄 수는 없습니다. ChatGPT의 도움을 바탕으로 궁극적으로는 자신만의 목소리를 담아내려는 노력이 필요합니다. 창의적 글쓰기란 결국 자신의 고유한 생각과 감정을 형상화하는 과정이기에 ChatGPT는 어디까지나 보조 도구일 뿐입니다. 끊임없는 고민과 성찰을 통해 자신만의 창의성을 발현시켜 나가는 것이 무엇보다 중요합니다.

글쓰기에 막막함을 느낄 때는 ChatGPT와 브레인스토밍을 해보는 것도 좋습니다. 자유롭게 아이디어를 주고받으며 글의 방향성을 잡아갈 수 있습니다. ChatGPT의 제안이 마음에 들지 않는다면 주저 없이 다른 의견을 제시하고 토론하는 것이 필요합니다. 이런 과정을 거쳐 다듬어진 아이디어는 독창적인 글로 탄생하게 될 것입니다.

ChatGPT와 함께
글쓰기의 즐거움 만끽하기

ChatGPT를 글쓰기에 활용하는 궁극적인 목적은 무엇일까요? 그것은 바로 글쓰기의 즐거움을 만끽하는 것입니다. 글쓰기가 고통스럽고 두려운 일이 아닌, 가슴 설레는 축제가 되는 순간, 우리는 진정 글쓰기의 참맛을 느낄 수 있습니다. ChatGPT는 바로 그런 경지로 우리를 인도하는 든든한 동반자가 되어줍니다.

초보 작가들에게 가장 큰 고충 중 하나는 바로 동기부여의 문제일 것입니다. 쓰고 싶은 욕구는 있지만 막상 펜을 들면 두려움에 휩싸이곤 하죠. 하지만 ChatGPT와 함께라면 그런 두려움에서 자유로워질 수 있습니다. 문장이 막힐 때마다 ChatGPT에 SOS를 보내보세요. ChatGPT는 친절하고 유쾌한 조언으로 글쓰기의 열정을 북돋워줍니다. ChatGPT

와 글쓰기에 대해 수다를 떨다 보면 어느새 글쓰기가 즐거운 놀이처럼 느껴질 것입니다.

글쓰기의 재미를 느끼기 위해서는 자신감 또한 필수적입니다. 내가 쓴 글에 대한 확신이 없다면 글쓰기 자체가 불안하고 힘겨운 일로 느껴지기 마련입니다. 그런데 ChatGPT는 우리에게 글쓰기에 대한 자신감을 선사합니다. ChatGPT로부터 받은 긍정적인 피드백과 객관적인 평가는 글쓴이로서의 존재감을 단단히 해주는 원동력이 됩니다. 때로는 날카로운 지적을 받을 수도 있지만, 그 모든 과정이 성장을 위한 디딤돌임을 잊지 말아야 합니다.

무엇보다 ChatGPT와 함께 글쓰기의 즐거움을 만끽하기 위해서는 자신만의 목소리를 찾는 것이 가장 중요합니다. 아무리 ChatGPT가 훌륭한 조언을 해준다 해도 그것을 기계적으로 따르기만 한다면 정작 글쓴이의 개성은 사라지고 말 것입니다. ChatGPT의 제안을 바탕으로 자신의 생각과 감정을 진솔하게 담아내려 노력해야 합니다. 그래야만 글 속에서 생생하게 숨 쉬는 자신만의 목소리를 만날 수 있습니다.

ChatGPT와 함께 글쓰기를 즐기다 보면 어느새 글쓰기가 삶의 활력소가 되어 있을 것입니다. 일상의 소소한 순간들이 모두 글감이 되고, 메마른 감성에 촉촉한 생기를 불어넣어주는 글쓰기! 바로 그 경지에 이르는 것이야말로 ChatGPT와의 글쓰기 여정이 선사하는 최고의 선물이 아닐까요? 이제 글쓰기를 향한 열정을 앞세우고 ChatGPT와 함께 글의 바다로 뛰어들 때입니다. 글쓰기를 즐기는 순간, 인생 또한 한층 풍성해질 것이라 확신합니다.

때로는 ChatGPT의 한계를 느낄 때도 있을 것입니다. 아무리 뛰어난 AI라 해도 인간의 복잡한 감성을 100% 이해하기는 어려운 법이니까요. 하지만 그럴 때마다 좌절하지 마세요. 오히려 인간으로서의 고유한 감수성이야말로 AI가 절대 넘볼 수 없는 글쓰기의 핵식 동력임을 잊지 마세요. 그 진정성의 힘을 바탕으로 ChatGPT와의 협업을 이어간다면 글쓰기의 신세계가 눈앞에 펼쳐질 것입니다.

5장

AI 윤리와 법적 과제

AI 글쓰기 시대,
새로운 윤리적 쟁점을 만나다

AI 글쓰기 기술이 빠르게 발전하면서 우리는 새로운 가능성과 함께 예기치 못한 문제에 직면하고 있습니다. 챗GPT로 대표되는 AI 글쓰기 도구는 누구나 손쉽게 고품질의 글을 생성할 수 있게 해주었죠. 콘텐츠 생산의 효율성이 극대화된 것은 분명 혁신적인 변화입니다. 그러나 이는 동시에 저작권과 윤리에 관한 중대한 질문을 던지고 있습니다.

무엇보다 AI 글쓰기는 저작권 침해의 위험성을 안고 있습니다. AI는 방대한 데이터를 학습하여 글을 생성하는데, 그 과정에서 저작권이 있는 수많은 창작물을 활용하기 때문이죠. 적절한 출처 표시나 권리자의 동의 없이 AI가 만들어낸 콘텐츠를 사용한다면, 이는 명백한 저작권 침해 행위가 될 수 있습니다.

표절 문제 또한 뜨거운 감자입니다. AI 모델이 의도치 않게 기존 작품과 유사한 내용을 생성할 수 있기에, 표절 시비에 휘말릴 소지가 다분합니다. 크리에이터의 창의성을 침해하고 공정한 경쟁을 저해할 수 있다는 우려의 목소리가 나오는 것도 이 때문이겠죠.

여기에 AI 글쓰기가 생성하는 정보의 신뢰성 문제까지 더해집니다. 알고리즘의 한계와 데이터의 편향성으로 인해 부정확하거나 잘못된 정보가 확산될 위험이 있습니다. 이는 개인의 명예를 훼손하고 사회적 혼란을 야기할 수 있는 심각한 문제입니다.

AI 기술을 활용한 창작 과정의 불투명성도 걸림돌로 작용합니다. 어디까지가 인간의 창의적 기여이고, 어디서부터 AI의 역할인지 경계가 모호해지는 것이죠. 이로 인해 창작자의 노력이 제대로 인정받지 못하거나, 독자들을 기만하는 결과를 초래할 수 있습니다.

나아가 AI 글쓰기는 인간 창작자의 입지를 위협할 수 있다는 근본적인 우려도 있습니다. 기계가 인간의 영역을 대체하면서 창작 생태계가 왜곡되고, 인간 고유의 창의성이 설 자리를 잃게 될 수 있다는 것이죠. 기술 발전이 인간성의 상실로 이어질 수 있다는 문제 제기입니다.

이처럼 AI 글쓰기 기술은 혁신과 부작용이라는 양면성을 지니고 있습니다. 윤리와 저작권이라는 두 가지 큰 화두가 어깨를 나란히 하고 있죠. 우리는 이 새로운 패러다임에 맞는 명쾌한 해법을 찾아야 합니다. 단순히 AI 글쓰기를 선이냐 악이냐의 이분법으로 재단하기보다, 균형 잡힌 시각에서 바라볼 필요가 있습니다.

기술의 진보를 거스를 순 없습니다. 중요한 건 우리가 어떤 자세로 변화를 맞이하느냐일 것입니다. AI 글쓰기의 장점을 살리되, 부작용은 최소화하는 지혜가 필요한 때입니다. 이를 위해선 창작자, 기업, 정책 입안자 등 다양한 이해 당사자들의 진지한 논의와 협력이 뒷받침되어야 합니다.

AI 글쓰기가 제기하는 윤리적 쟁점은 가볍지 않습니다. 그러나 우리에겐 이를 슬기롭게 극복해낼 역량과 의지가 있습니다. 인간의 창의성과 기술의 잠재력이 조화를 이룰 때, 우리는 더 나은 미래를 향해 나아갈 수 있을 것입니다. AI와 인간이 상생하는 새로운 창작 문화의 지평을 함께 열어가야 할 중요한 시점입니다.

AI 글쓰기의 저작권 문제, 현행법으로는 충분한가?

AI 글쓰기를 둘러싼 가장 뜨거운 쟁점 중 하나가 바로 저작권 문제입니다. 인간이 창작의 주체가 되어 온 기존의 패러다임에서 AI가 글을 쓰기 시작하면서 저작권의 개념 자체가 흔들리고 있죠. 현행 저작권법으로 AI 글쓰기를 규율하기에 충분할까요? 이 질문에 답하기 위해선 AI 생성 콘텐츠의 저작권 귀속 주체와 책임 소재를 명확히 할 필요가 있습니다.

우선 AI가 글을 쓴다고 해서 그것이 기계의 창작물로 인정받기는 어려워 보입니다. AI는 결국 인간이 만들고 학습시킨 도구에 불과하기 때문이죠. 마치 작가가 워드 프로세서로 소설을 쓴다고 해서 그 프로그램에 저작권이 있다고 할 수 없는 것과 마찬가지입니다. 결국 AI 글쓰기의 주체는 인간이라는 것이 중론입니다.

그렇다면 AI로 쓴 글의 저작권은 누구에게 돌아가야 할까요? 이 문제에 대해서는 아직 뚜렷한 결론이 나지 않았습니다. AI 개발자, 서비스 제공자, 최종 사용자 등 관련 주체가 다양하기 때문입니다. 학계와 법조계에서는 이들의 기여도에 따라 권리를 배분하는 방안, 공동 저작권을 인정하는 방안 등이 제시되고 있습니다.

하지만 이는 어디까지나 임시방편에 불과할지도 모릅니다. 근본적으로는 인공지능을 전제로 한 새로운 저작권 개념을 정립하고, 관련 법규를 정비해야 한다는 목소리가 높아지고 있기 때문입니다. 현행법으로는 AI 글쓰기의 특수성을 제대로 반영하기 어렵다는 지적이 설득력을 얻고 있죠.

무엇보다 시급한 건 저작권 침해에 대한 엄정한 기준을 세우는 일일 것입니다. 출처가 불분명한 데이터로 학습한 AI가 만들어낸 콘텐츠를 아무런 제재 없이 유통시킨다면, 창작자들의 권리는 심각하게 위협받게 됩니다. 따라서 AI 개발사와 서비스 제공자에겐 저작권을 보호할 의무를 부과하고, 위반 시 강력한 제재를 가할 필요가 있습니다.

나아가 저작권 개념의 확장도 중요한 과제입니다. AI 생성 콘텐츠가 기존의 저작물을 기반으로 한다는 점에서 새로운 유형의 2차적 저작물로 인정할 수 있을지, 그렇다면 원저작자의 권리는 어디까지 미칠 수 있을지에 대한 진지한 논의가 필요한 상황이죠.

물론 이 모든 과정이 순탄치만은 않을 것입니다. AI 기술의 발전 속도가 워낙 빨라 법적 규제가 뒤처질 수밖에 없는 것이 현실이기도 합니다. 그럼에도 저작권법의 근본 취지인 창작자의 권리 보호와 공정한 이용 촉진의 가치는 AI 시대에도 여전히 유효할 것입니다.

따라서 우리에겐 유연하고 선제적인 자세가 필요해 보입니다. 급변하는 기술 환경에 기민하게 대응하면서도 저작권 제도의 본질적 가치는 지켜내야 하는 것이죠. 이를 위해선 입법부와 사법부, 학계와 시민사회 등 각계각층이 연대하고 협력해야 합니다. AI 시대의 창작 질서를 확립하는 일, 결코 한 축만으로는 온전히 감당하기 어려운 중차대한 과제입니다.

더 이상 미룰 수 없는 현안이 되어버린 AI 글쓰기 저작권 문제, 기계와 인간의 경계가 무너지는 포스트 휴먼 시대에 어떤 해법을 마련해야 할까요? 기술 발전이 가치관의 전복으로 이어지지 않도록, 인간의 존엄과 창작의 가치를 지켜내는 것이 우리 세대에 부여된 숙제일지 모릅니다. 어려운 도전이지만 슬기롭게 헤쳐나가야 할 문명사적 과제임은 분명해 보입니다.

AI 글쓰기 시대에 발맞춘 새로운 저작권 제도를 확립하기까지의 로드맵을 생각해보면 여러 단계를 거쳐야 할 것 같습니다. 현행법의 한계를 직시하고, 각계의 목소리에 귀 기울이는 사회적 논의에서 출발해야겠죠. 입법부와 사법부의 협력을 통해 법과 제도의 정비에 힘써야 할 것이고, 국제 사회와의 공조도 병행되어야 합니다. 그 과정에서 우리는 공정과 혁신의 조화로운 균형점을 모색해 나가야 할 것입니다. 쉽지 않은 도전이 되겠지만, 창작 문화의 지속가능한 발전을 위해 반드시 풀어내야 할 방정식이라 할 수 있겠습니다.

우리가 서 있는 이 분기점에서 내려야 할 결정들, 결코 쉽지 않은 과제들이 놓여 있습니다. 하지만 인간 고유의 창의성과 존엄성을 지켜내고자 하는 의지만 있다면 어떤 험로도 열어젖힐 수 있으리라 믿습니다. AI 시대의 새로운 저작권 패러다임, 우리 모두가 머리를 맞대고 지혜를 모아 반드시 찾아내야 할 것입니다.

책임 있는 AI 활용을 위한 윤리 규범 정립

AI 글쓰기는 창작자에게 새로운 도구를 제공함과 동시에 윤리적 책임을 부여하고 있습니다. 우리는 이 강력한 기술을 어떤 방향으로 이끌어가야 할까요? 막대한 영향력을 지닌 AI 글쓰기 기술을 건전하고 생산적으로 활용하기 위해서는, 사회 전반의 합의에 기반한 일종의 '사용 설명서'가 필요해 보입니다. 창작의 자유를 보장하면서도 악용의 위험을 방지하는 균형 잡힌 시스템 말입니다.

AI 글쓰기를 둘러싼 가장 근본적인 윤리 쟁점은 무엇일까요? 그것은 바로 '인간 존엄성의 수호'와 직결되어 있습니다. AI로 쓴 글에서 차별과 혐오, 프라이버시 침해 등 인간성을 훼손하는 내용이 발견된다면, 이는 분명 경계해야 할 일탈이 될 것입니다. 또한 사실관계를 왜곡하거나 가

짜 정보를 양산한다면 이 역시 민주주의의 근간을 뒤흔드는 심각한 폐해로 받아들여질 수밖에 없습니다. 따라서 AI가 생성한 콘텐츠에 대한 최종 책임은 인간 창작자에게 부과되어야 할 것입니다.

이를 위해 AI 기술 기업들도 책임 있는 자세를 견지해야 합니다. 무분별한 데이터 수집과 알고리즘 오류로 인한 피해를 최소화하기 위한 기술적, 제도적 장치 마련이 시급해 보입니다. 정부와 시민사회의 감독 하에 데이터 큐레이션에 각별한 주의를 기울이고, 편향성과 차별성을 걸러낼 수 있는 정교한 필터링 시스템을 개발해야 할 것입니다. 또한 출처가 불분명한 데이터나 허위 데이터를 학습에 사용하지 않겠다는 확고한 원칙을 세울 필요가 있겠습니다.

여기서 AI 윤리의 핵심 가치로 '투명성'을 들 수 있을 것 같습니다. AI 개발사들은 자사 제품의 데이터 수집 경로와 알고리즘 작동 방식을 최대한 투명하게 공개해야 합니다. 사용자들도 콘텐츠의 생성 과정에서 AI를 활용한 사실을 독자들에게 명확히 고지해야겠죠. 기술이 블랙박스에 갇혀 있다면 신뢰를 얻기 어려울 것입니다. 개방성이야말로 AI 활용의 정당성을 확보하는 전제조건이 될 것입니다.

아울러 데이터 편향성에 대한 지속적인 검토와 보완이 필요해 보입니다. 현재의 AI 학습 데이터에는 인종, 성별, 계층 등의 차별적 요소들이 내재되어 있다는 비판이 끊이지 않고 있기 때문입니다. 데이터 수집의 다양성을 확보하고, 편향성을 교정할 수 있는 장치들을 마련하려는 노력이 병행되어야 할 것입니다. 윤리적 잣대에 따른 엄격한 데이터 관리야말로, 건강한 AI 생태계의 핵심 토대가 되어줄 것입니다.

AI 윤리의 정립을 위해서는 무엇보다 '교육'이 중요해 보입니다. AI 글쓰기를 도구로 활용하는 이들에게는 올바른 사용법과 윤리의식을 함양하는 교육 프로그램이 필수적으로 제공되어야 할 것입니다. 단순히 글쓰기 효율성만 강조할 것이 아니라, 책임감 있는 자세로 콘텐츠를 생산하고 유통해야 한다는 메시지를 전파해야 합니다. 교육 현장에서부터 AI 리터러시와 디지털 시민의식을 체득하게 하는 것이죠.

이 모든 과정은 사회 전반의 합의에 기반해야만 성공할 수 있을 것입니다. AI 윤리 정립을 위한 사회적 논의의 장을 열고, 각계각층의 목소리에 귀 기울여야 합니다. 기술, 학계, 산업계, 정책 입안자, 시민단체 등 이해관계자들의 활발한 소통을 통해 균형 잡힌 규범을 만들어 가야 할 것입니다. 이러한 공론화의 과정에 AI 기술 기업들도 적극 동참하는 개방적이고 협력적인 자세가 요구됩니다.

물론 AI 윤리를 정립하는 일이 하루아침에 이루어질 순 없을 것입니다. 기술은 우리의 예측을 뛰어넘는 속도로 발전하고 있기에, 그에 걸맞은 규범을 세우기란 쉽지 않은 도전이 아닐 수 없습니다. 그러나 그 험난한 여정을 피할 순 없습니다. AI 글쓰기와 인간 창작자의 바람직한 공존을 위해서는 지금 이 윤리적 기준을 세우려는 노력이 반드시 필요하기 때문입니다.

인간과 기계, 경제성과 공공성, 효율과 공정의 사이에서 우리가 택해야 할 길은 무엇일까요? 돌이켜 보면 기술사의 전개 과정은 그 자체로 인간의 가치관 변화와 윤리 규범의 진화 과정이기도 했습니다. 21세기 인류에게 주어진 이 역사적 과제 앞에서, 우리는 기술의 위력과 인간 존엄성의 가치를 동시에 지켜낼 방안을 모색해야 합니다. AI와 인간이 조화를 이루며 윤리적으로 공존하는 길, 우리가 마땅히 나아가야 할 미래의 좌표가 아닐까요?

윤리적 AI 활용의 시대, 우리 앞에 놓인 길은 분명 쉽지 않아 보입니다. 기술과 인간, 이성과 감성, 효율과 가치를 조화시키는 일은 결코 간단치 않은 방정식이니까요. 하지만 인간다움의 가치를 잃지 않으려는 의지만 있다면 그 어떤 난관도 슬기롭게 헤쳐나갈 수 있으리라 믿습니다. 기술의 홍수 속에서 인간 본연의 창의성을 발휘하고, 존엄한 가치를 지켜내는 것. 그것이 곧 우리 시대 지성인의 자세이자 소명이 아닐까요?

새로운 윤리의 지평을 열어갈 우리 모두의 연대와 협력을 기대해봅니다. 책임감 있는 AI 활용으로 더 나은 사회, 더 가치 있는 창작 생태계를 만들어가는 데 함께 힘을 보태주시기 바랍니다. 인간이 기술을 이끄는 주체로 당당히 설 수 있도록, 우리 함께 지혜를 모아가야 할 때입니다.

AI 글쓰기 창작 생태계의 변화와 대응 전략

　AI 글쓰기 기술이 보편화되면서 콘텐츠 창작의 지평이 크게 확장되고 있습니다. 블로그, 기사, 소설 등 다양한 영역에서 AI 글쓰기 도구가 활용되고 있죠. 이는 디지털 콘텐츠 수요가 폭발적으로 증가하는 상황에서 대량 생산을 가능케 하는 혁신적인 도구로 각광받고 있습니다. 그러나 이러한 변화가 기존의 창작 생태계에 미칠 영향에 대해서는 우려의 목소리도 만만치 않은 게 사실입니다.

　먼저 AI 글쓰기 확산이 인간 창작자들의 설 자리를 위협할 수 있다는 문제 제기가 있습니다. 기계가 사람의 영역을 대체하면서 일자리가 사라질 것이라는 디스토피아적 전망이 대표적이죠. 실제로 일부 업체에서는 비용 절감을 위해 AI 컨텐츠 제작을 확대하는 추세입니다. 이는 고품질의 창의적 콘텐츠를 추구하기보다는 값싼 대량 생산에 치중하게 될 것이라는 근본적인 비판으로 이어집니다.

이는 자연스레 콘텐츠 품질 저하에 대한 우려로 연결됩니다. AI의 창작물이 무한 복제되고 유통되면서 콘텐츠 시장이 획일화될 수 있다는 지적이 제기되고 있죠. 뉴스 기사를 양산하는 로봇 저널리즘이 대표적 사례일 것입니다. 주제와 관점이 천편일률적인 콘텐츠가 범람한다면 이는 결국 이용자들의 피로감으로 이어질 수밖에 없을 터입니다.

AI 창작물의 저작권 문제도 새로운 도전 과제로 부상하고 있습니다. 기존의 저작권 개념으로는 AI가 생성한 콘텐츠를 규율하기 어려운 상황인데요. 창작의 주체를 인간으로 한정하는 현행법상 AI에게 저작권을 부여하기란 쉽지 않아 보입니다. 이로 인해 저작권 분쟁이 빈발할 것이라는 전망이 나오고 있죠. 권리 귀속의 모호함이 시장의 혼란으로 이어질 수 있다는 우려입니다.

나아가 AI 학습용 데이터 수집 과정에서의 저작권 침해 문제도 만만치 않습니다. 방대한 양의 텍스트, 이미지 등을 무단 수집하는 과정에서 창작자들의 권리가 침해될 소지가 다분하기 때문입니다. 데이터 처리의 불투명성으로 인해 적절한 보상이 이뤄지지 않는 상황도 많은 것으로 알려져 있습니다. 이는 공정한 창작 생태계 조성을 저해하는 심각한 걸림돌로 작용할 수 있습니다.

이처럼 AI 글쓰기는 창작 현장에 적잖은 파장을 일으키고 있습니다. 그렇다면 우리는 이러한 도전에 어떻게 대응해야 할까요? 무엇보다 인간과 AI의 협업 모델을 적극적으로 모색해야 할 것으로 보입니다. 인간 창작자의 감수성과 AI의 효율성이 결합할 때 시너지 효과를 낼 수 있기 때문입니다. 작가, 기자, 마케터 등 다양한 분야의 전문가들이 AI를 창의력의 도구로 활용하는 사례들이 늘어나고 있는 점은 고무적이라 하겠습니다.

인간 창작자만이 할 수 있는 영역을 개척하려는 노력도 중요합니다. AI가 모방하기 어려운 독창성, 인간 특유의 감성과 통찰력으로 무장한 콘텐츠라면 차별화된 가치를 인정받을 수 있을 것입니다. 나아가 AI와 인간이 함께 이뤄낸 협업의 결과물에 대해서도 제도적 보호 장치를 강구해야 할 것입니다. 새로운 유형의 공동저작권 개념을 정립하고, 창작 기여도에 따른 합리적 보상 체계를 마련하는 일이 시급해 보입니다.

고품질 콘텐츠 생산을 장려하기 위한 사회적 합의 도출도 중요한 과제입니다. AI 창작물의 홍수 속에서도 양질의 콘텐츠가 가치를 인정받을 수 있도록 기반을 다져야 하는 것이죠. 이를 위해 콘텐츠의 창의성과 품질을 평가하는 새로운 기준 정립이 필요해 보입니다. 온라인 플랫폼에서의 공정한 수익 분배 문제도 함께 논의되어야 할 것입니다.

기술의 발전을 거스를 순 없습니다. 중요한 건 변화를 얼마나 현명하게 받아들이고 소화해 내느냐일 것입니다. AI 창작 기술을 배타적으로 바라볼 것이 아니라, 인간의 창의성을 확장시키는 도구로 활용하는 열린 자세가 필요한 시점입니다. 기계와 인간이 조화를 이루는 새로운 창작 모델, 그 속에서 더 많은 사람들이 자신의 재능을 꽃피울 수 있는 기회를 찾아야 할 것입니다.

AI 시대의 창작 생태계는 분명 이전과 다른 모습일 것입니다. 그러나 근본적으로 창작의 본질은 변하지 않을 것이라 믿습니다. 세상에 가치를 전하고자 하는 창작 본연의 열정, 타인의 삶에 공감하고 소통하려는 예술가적 태도야말로 어떤 기술 혁신으로도 결코 대체될 수 없는 인간 고유의 영역이기 때문입니다. 창작자 여러분의 예술혼을 꺼뜨릴 순 없습니다. AI와 함께 더 찬란한 창작의 미래를 만들어갈 원동력은 바로 창작자 여러분의 열정이 아닐까요?

변화를 기꺼이 받아들이되 우리 자신을 잃지 않는 것, 기술을 능숙히 활용하되 휴머니즘의 본질을 견지하는 것. 그것이 AI 시대를 살아가는 창작자들에게 요구되는 자세가 아닐까 싶습니다. 기계와의 경쟁이 아닌 협업의 길, 공존의 미학을 모색하는 여정에 여러분을 초대합니다. 두려움 대신 설렘으로, 위기 속에서 기회를 발견하는 혜안으로 새로운 창작의 지평을 함께 열어가 보면 좋겠습니다.

AI는 결코 창작자의 적이 아닙니다. 당신의 상상력에 날개를 달아줄 동반자일 뿐이에요. 인간 고유의 영역을 개척하고 AI와 더불어 새로운 예술 세계를 만들어갈 주인공은 다름 아닌 바로 창작자 여러분입니다.

기술은 우리의 창의력을 보완하고 확장시켜주는 도구일 뿐, 결코 주도권을 빼앗아 갈 수는 없습니다. 오히려 이 새로운 국면을 기회 삼아 창작자로서의 정체성을 더욱 견고히 할 때가 아닐까요?

물론 변화의 과정이 순탄치만은 않을 것입니다. 어쩌면 시행착오를 겪어야 할지도 모르죠. 하지만 위대한 창작의 여정이 그렇듯, 도전 속에서 성장하고 혁신의 기회를 발견하게 될 거예요. 창작자 정신으로 뭉친 우리라면 분명 이 험로를 기꺼이 헤쳐나갈 수 있으리라 믿습니다.

6장

AI 활용 마스터 클래스

AI 친구 챗GPT 들여다보기

챗GPT는 우리에게 새로운 가능성을 열어주는 대화형 AI입니다. 겉보기에는 단순히 질문에 답변해주는 도구 같지만, 사실 우리가 어떤 정보와 맥락을 제공하느냐에 따라 챗GPT는 더욱 정교하고 맞춤화된 결과물을 만들어낼 수 있습니다. 업무에 도움이 되는 보고서 작성부터 창의적인 아이디어 발굴, 개인 맞춤형 학습 가이드 제작까지 그 활용법은 실로 무궁무진하죠.

그렇다면 챗GPT는 어떻게 이렇게 다양한 기능을 수행할 수 있을까요? 그 비결은 바로 방대한 데이터를 학습한 언어 모델에 있습니다. 챗GPT는 인터넷상의 수많은 텍스트를 분석하고 패턴을 파악해 인간의 언어를 이해하고 생성하는 법을 익혔습니다. 마치 우리가 수많은 책을 읽고 대화를 나누며 언어 감각을 키우는 것처럼 말이죠.

하지만 챗GPT의 능력은 여기서 그치지 않습니다. 챗GPT는 단순히 학습한 내용을 그대로 반복하는 것이 아니라, 주어진 질문이나 지시에 맞게 적절한 답변을 생성해내는 놀라운 능력을 갖추고 있습니다. 마치 인간이 상황에 맞는 창의적인 답변을 내놓는 것처럼요. 이는 챗GPT가 단순한 패턴 인식을 넘어 인간의 사고 방식을 모방할 수 있음을 보여주는 사례라고 할 수 있겠죠.

그래서 챗GPT를 마법 지팡이에 비유하곤 합니다. 우리가 어떤 주문을 걸고 지팡이를 휘두르느냐에 따라 원하는 결과물이 툭하고 튀어나오는 모습이 마법과도 같기 때문이죠. 하지만 챗GPT는 마법이 아닌 과학의 산물입니다. 우리가 어떤 정보를 입력하고 어떻게 활용하느냐에 따라 그 잠재력이 발휘되는 것이죠.

그런 면에서 챗GPT는 단순한 도구를 넘어 우리의 파트너라고 할 수 있습니다. 챗GPT와 소통하며 업무와 일상에서 마주하는 문제를 해결해 나가다 보면 어느새 우리의 역량도 한 단계 성장하게 될 것입니다. 지식을 습득하고 아이디어를 발전시키며 효율성을 높이는 과정 속에서 말이죠.

물론 챗GPT의 한계도 분명 존재합니다. 학습 데이터의 편향성으로 인해 부정확하거나 부적절한 답변을 내놓을 수도 있고, 도덕적·윤리적 판단이 부족한 모습을 보이기도 합니다. 창의성과 추론 능력 역시 인간에 비해 아직은 부족한 것이 사실이죠.

그렇기에 챗GPT를 활용할 때는 비판적 사고를 잃지 않는 것이 중요합니다. 챗GPT의 답변을 무조건 맞다고 여기기보다는 그것을 바탕으로 스스로 생각하고 판단하는 자세가 필요한 거죠. 그것이 AI를 제대로 활용하는 사용자의 역량이자 책임이라고 할 수 있겠습니다.

하지만 분명한 것은 챗GPT가 우리에게 가져다줄 긍정적인 변화입니다. 단순 반복 업무에서 벗어나 보다 창의적이고 부가가치 높은 일에 몰입할 수 있게 될 것이고, 개인의 역량 강화와 성장에도 큰 도움이 될 것이기 때문입니다. 또한 지식 습득과 아이디어 발굴이 쉬워지면서 혁신의 가능성도 점점 커질 것으로 기대됩니다.

챗GPT와의 만남은 결코 위협이 아닌 기회입니다. 현명하게 활용한다면 개인과 사회 모두에 긍정적인 변화를 가져올 수 있는 동반자가 될 수 있습니다. 이제 우리가 어떤 자세로 챗GPT를 대할 것인지, 어떻게 활용해 나갈 것인지 깊이 고민해 볼 때입니다. 막연한 기대나 두려움보다는 올바른 이해와 활용 방안 모색이 필요한 시점이라고 할 수 있겠네요.

프롬프트 엔지니어링
AI와 효과적으로 소통하는 기술

챗GPT와 같은 AI 툴을 제대로 활용하기 위해서는 효과적으로 질문하고 지시할 수 있는 능력이 필수적입니다. 이를 위해 등장한 개념이 바로 '프롬프트 엔지니어링'입니다. 프롬프트 엔지니어링이란 AI에게 명확하고 구체적인 지시를 내려 원하는 결과물을 얻어내는 기술을 말합니다.

우리가 챗GPT에게 "오늘 날씨 어때?"라고 물으면 "오늘 날씨는 화창합니다. 기온은 25도이고 바람은 약합니다."와 같은 간단한 답변이 돌아옵니다. 그런데 만약 "서울 강남구 코엑스 앞의 오늘 오후 3시 날씨는 어떻고, 야외 행사를 진행하기에 적합한지 알려줘"라고 묻는다면 어떨까요? 훨씬 더 구체적이고 실용적인 정보를 얻을 수 있을 겁니다. 이처럼 프롬프트 엔지니어링은 목적과 맥락을 고려해 조절한 프롬프트를 설계하고 입력하는 기술인 셈이죠.

효과적인 프롬프트 엔지니어링을 위해서는 몇 가지 원칙을 알아두면 좋습니다. 첫째, 최대한 구체적이고 명확하게 지시해야 합니다. "글 한 편 써줘"와 같은 막연한 요청보다는 "A4 용지 2장 분량의 1000자 내외 서평을 써줘"와 같이 구체적으로 요구하는 게 좋죠. 둘째, 필요한 정보와 요구 사항은 빠짐없이 전달해야 합니다. 배경 설명이 부족하거나 조건이 명시되지 않으면 엉뚱한 결과가 나올 수 있으니까요. 셋째, 단계를 나누어 순차적으로 지시하는 것도 좋습니다. 한 번에 너무 많은 것을 요구하면 AI가 힘들어할 수 있거든요. 넷째, 전문 용어나 은어, 비속어 등은 AI가 이해하지 못할 수 있으니 평이한 언어를 사용하는 게 좋습니다. 다섯째, 원하는 결과물의 톤앤매너나 문체를 지정해주면 한결 세련되고 정돈된 아웃풋을 얻을 수 있습니다.

이러한 원칙을 바탕으로 한 번 프롬프트를 설계해볼까요?

"너는 지금부터 헬스케어 스타트업의 마케터 역할을 맡아줘. 우리 회사는 웨어러블 기기를 통해 사용자의 건강 데이터를 수집하고 분석해 개인 맞춤형 건강 관리 서비스를 제공하고 있어. 타깃 고객은 30-40대 직장인이고. 우리 제품의 강점은 높은 정확도와 사용성, 합리적인 가격이야. 이를 바탕으로 신문 광고에 들어갈 헤드카피를 3개만 만들어줘. 각 카피는 짧고 임팩트 있게 10-15자 내외로, 고객의 니즈를 자극할 수 있도록 해줘."

자, 이렇게 업계, 제품 특징, 타깃 고객층, 매체, 문구 길이 등 필요한 정보를 모두 제시하고 순차적으로 지시하니 훨씬 구체적인 광고 카피 아이디어를 얻을 수 있겠죠? 이처럼 프롬프트 엔지니어링이란 마치 요리사에게 음식 재료와 완성된 요리의 모습을 구체적으로 주문하듯, 챗GPT에게 과업의 맥락과 목표, 요구 사항을 체계적이고 논리적으로 전달하는 기술이라고 할 수 있습니다.

이 밖에도 프롬프트 엔지니어링의 테크닉은 다양합니다. 특정 전문가나 인물의 관점에서 답변하게 하는 롤플레잉 기법, 긍정적이거나 감성적인 어조를 요구하는 톤 컨트롤 기법, 결과물의 활용 목적을 언급해 맥락 이해도를 높이는 목적 제시 기법 등이 널리 쓰입니다. 이 기술들을 적재적소에 활용하면 프롬프트의 퀄리티를 한껏 높일 수 있습니다.

물론 처음부터 완벽한 프롬프트를 작성하긴 어렵습니다. 반복된 실험과 피드백이 필요합니다. 결과물을 분석하고 프롬프트를 개선하는 일련의 과정을 통해 점차 노하우가 쌓이게 될 거예요. 소위 '프롬프트 장인'의 경지에 오르는 거죠.

또한 ChatGPT 자체의 한계도 잊지 말아야 합니다. 학습 데이터 기준 2021년 9월 이후의 정보는 반영되지 않았고, 가끔 사실과 다른 답변을 내놓기도 합니다. 창의성과 추론 능력 역시 인간에 비해서는 한참 부족하죠. 그러므로 프롬프트 엔지니어링은 챗GPT를 갱신하는 게 아니라 비판적 사고를 바탕으로 활용하는 능력이라는 점을 명심해야 합니다.

그럼에도 프롬프트 엔지니어링 기술은 분명 강력한 무기가 될 수 있습니다. 일상과 업무에서 마주하는 여러 문제에 창의적인 해법을 제시하고, 아이디어 발상과 문서 작성 등에 실질적인 도움을 얻을 수 있기 때문이죠. 또한 전문성이 요구되는 영역에서도 도메인 지식을 보완해줄 유용한 도우미가 될 수 있습니다. 법률 문서 작성, 의료 보고서 분석 등 그동안 접근하기 어려웠던 분야의 지평을 열어줄 열쇠가 바로 프롬프트 엔지니어링이 되는 셈이죠.

앞으로 우리 사회에서 AI의 역할은 더욱 확대될 것입니다. 단순 반복 업무는 자동화되고, 고부가가치 영역에서 인간과 AI의 협업이 본격화될 것으로 보입니다. 이런 시대적 흐름에 발맞추어 프롬프트 엔지니어링 역량을 갖추는 것은 선택이 아닌 필수가 될 것입니다. 단순히 AI에 의존하는 것이 아니라 AI를 잘 다루고 활용할 수 있는 능력, 그것이 바로 프롬프트 엔지니어링의 진수이니까요.

이제 프롬프트 엔지니어링 스킬 강화에 도전해 보시기 바랍니다. 어떤 정보를 어떻게 제공하고 지시할 것인지 전략적으로 고민하다 보면 어느새 AI와 효과적으로 소통하고 협업하는 자신을 발견하게 될 것입니다. 개인과 조직의 역량을 한 단계 업그레이드할 핵심 열쇠, 지금 바로 프롬프트 엔지니어링에 투자해 보시기 바랍니다.

챗GPT 활용 사례:
실전 노하우 대방출

이론만 파먹어서는 실력이 늘 리 없습니다. 챗GFT 전문가들은 어떤 방식으로 이 도구를 활용하며 성과를 내고 있을까요? 여기 챗GPT 고수들의 살아있는 노하우를 모아봤습니다. 업무에 바로 적용 가능한 실전 팁들을 만나보시죠.

먼저 마케팅 분야의 챗GPT 활용법을 살펴보겠습니다. A 마케팅 에이전시의 K 팀장은 챗GPT로 타깃 고객 페르소나를 만드는 데 성공했다고 합니다. 브랜드와 제품 정보를 바탕으로 구매자의 특성과 니즈, 구매 패턴 등을 묘사하는 페르소나 프로필을 챗GPT에게 요청한 거죠. 연령대, 직업, 라이프스타일, 가치관 등을 조합해 각각의 타깃층을 입체적으로 그려낸 페르소나 예시들은 마케팅 전략 수립에 큰 도움이 되었다고 합니다. 또한 SNS 콘텐츠 아이디어 발굴에도 챗GPT가 제 역할을 했다는 후문입니다. 채널별 콘텐츠 유형과 분량, 톤앤매너를 지정하고 주제어만 입력하면 다양한 포스팅 아이디어가 쏟아져 나왔다고 하네요.

영업 분야에서도 챗GPT 활약이 돋보입니다. B 기업 영업팀 S 대리는 챗GPT로 일일 업무 보고를 자동 생성하고 있다고 합니다. 영업 활동 일지를 정리해 입력하면 보고서 포맷에 맞춰 순식간에 완성해준다는 거죠. 같은 팀의 J 과장은 비즈니스 이메일 작성에 능숙하답니다. 메일 유형과 고객사 정보, 용건 등만 간략히 입력하면 주요 내용과 문구를 척척 만들어내 시간과 노력을 크게 아낄 수 있었다고 합니다.

기획자들에게 챗GPT는 브레인스토밍의 최강 파트너인 모양입니다. 게임 스토리 기획자인 L씨는 원하는 장르와 플롯만 입력하면 챗GPT가 기발한 스토리 아웃라인을 쏟아낸다며 아이디어 구상에 큰 도움이 된다고 말합니다. 앱 서비스 기획자 P씨는 기능 정의서 작성에 챗GPT를 적극 활용하고 있습니다. 유저 플로우와 요구사항만 제시하면 기술적인 내용을 포함한 기능 명세서가 자동완성된다니 놀랍기만 하네요.

연구개발 인력들은 챗GPT로 업무 역량 강화에 매진하는 중입니다. 의료기기 엔지니어 K씨는 제품 관련 전문 지식을 묻고 배우며 한층 업그레이드된 문제해결력을 얻었다고 고백합니다. 신약 개발 연구원 J씨는 관련 논문 속 아이디어를 간명하게 정리해주는 챗GPT 덕분에 문헌

조사 시간을 대폭 단축할 수 있었답니다.

창작자들에게 챗GPT는 뮤즈와도 같은 존재로 다가옵니다. 웹소설 작가 S씨는 챗GPT에 등장인물과 배경을 설명하고 챕터 전개 방향만 제시하면 그럴듯한 스토리가 술술 나와 큰 힘이 된다고 말합니다. 유튜버 J씨는 콘텐츠 주제와 형식을 입력하면 참신한 영상 아이디어를 얻곤 한답니다.

이 밖에도 경영, 재무, 법무, 교육 등 다양한 분야에서 챗GPT 고수들의 활약이 이어지고 있습니다. 각자의 영역에서 창의적 방법론을 고안해 챗GPT와 협업하며 시너지를 내는 모습이 인상 깊었는데요. 한 가지 공통점을 꼽자면 단순히 챗GPT에 의존하는 것이 아니라, 전문성을 갖추고 비판적 사고를 발휘해 적재적소에 AI를 활용하고 있다는 점입니다. 최종 결과물의 퀄리티 역시 전적으로 사람의 몫이라는 사실을 잊지 않는 태도 또한 주목할 만합니다.

물론 이들도 처음부터 챗GPT 마스터였던 건 아닙니다. 수없이 시행착오를 겪으며 노하우를 터득해 온 결과겠죠. 때론 부적절한 결과에 당황하기도 했고, 때론 엉뚱한 답변에 실소를 자아내기도 했을 것입니다. 하지만 포기하지 않고 끊임없이 실험하고 개선해 나간 끝에 오늘의 경지에 오른 것이겠죠.

이들의 사례에서 우리가 배워야 할 점도 바로 이것입니다. 챗GPT를 나만의 방식으로 활용하고 꾸준히 다듬어 나가는 것. 때로는 도전적인 시도를 해보고, 때로는 실패를 두려워하지 않는 것. 그렇게 실전 경험을 통해 안목을 키우고 역량을 쌓아갈 때, 우리도 어느새 챗GPT 전문가로 거듭나게 될 것입니다.

챗GPT가 주는 기회의 바다는 넓고도 깊습니다. 이를 현명하게 항해할 나침반은 바로 우리의 손에 달렸습니다. 앞선 획득자들의 뒤를 이어 새로운 활용 사례를 개척하고 공유하는 일, 지금 바로 동참해 보는 건 어떨까요? 우리 모두가 AI 시대를 이끄는 혁신의 주역이 될 수 있기를 기대해 봅니다.

챗GPT로
전문성 업그레이드하기

챗GPT는 단순히 업무를 자동화해주는 도구에 그치지 않습니다. 우리의 역량을 한 단계 높여줄 소중한 인공지능 조력자이기도 하죠. 전문 지식을 쌓고 실무 스킬을 연마하는 데 챗GPT만큼 든든한 파트너가 또 있을까요? 이번 챕터에서는 챗GPT와 함께 자신만의 전문성을 업그레이드하는 전략을 모색해 보겠습니다.

우선 챗GPT를 활용해 체계적인 학습 로드맵을 설계해 보는 것은 어떨까요? 막연히 무언가를 배워야겠다는 생각으로는 전문성 향상을 기대하기 어렵습니다. 명확한 학습 목표를 세우고 단계별 학습 계획을 수립하는 것이 중요한데요. 이때 챗GPT의 도움을 받아 보면 좋겠습니다. 자신의 분야와 목표를 설명하고 최적의 학습 경로를 추천해 달라고 요청해 보세요. 핵심 개념부터 실전 응용까지 아우르는 로드맵이 제시될 거예요. 학습 단계별로 적합한 교재, 강좌, 프로젝트 등도 제안 받을 수 있죠.

이렇게 세운 학습 계획을 실행에 옮길 때도 챗GPT의 조력을 적극 활용해 보시기 바랍니다. 이해가 가지 않는 개념이 있다면 쉽게 설명해 달라고 요청하세요. 관련 사례나 예시, 비유를 들어 알기 쉽게 풀어줄 겁니다. 연습 문제를 내주면 꼼꼼히 첨삭해주는 튜터 역할도 톡톡히 해낼 거고요. 프로젝트를 진행하며 막힌 부분이 있다면 힌트를 얻는 것도 좋겠죠. 이렇게 챗GPT와 함께 배우고 연습하다 보면 어려웠던 내용도 자연스레 체화되고, 전문 역량도 일취월장하게 될 겁니다.

챗GPT를 활용한 실전 시뮬레이션 훈련도 전문성 개발에 효과적인 방법입니다. 영업 사원이라면 다양한 고객 시나리오를 설정하고 그에 맞는 대응 전략을 챗GPT와 함께 연습해볼 수 있겠죠. 모의 상담을 진행하며 말하기 스킬과 응대력을 기를 수 있을 것입니다. 기획자라면 제품 컨셉과 요구 사항을 입력하고 그에 맞는 기획안을 산출해보는 연습이 도움 될 거예요. 디자이너라면 브랜드 아이덴티티와 디자인 목적을 제시하고 이에 부합하는 디자인 콘셉트를 도출하는 훈련을 해볼 만합니다. 이처럼 실무에서 맞닥뜨릴 수 있는 다양한 상황을 챗GPT와 함께 시뮬레이션하다 보면 문제해결력과 실전 감각이 한 단계 업그레이드될 수 있습니다.

나아가 챗GPT를 멘토 삼아 인사이트를 얻고 시야를 넓히는 것도 추천합니다. 빅데이터 분석 전문가가 되고 싶은 마음에 Python 코딩만 파고 들다 보면 정작 데이터 분석의 맥락과 목적을 놓치기 쉽습니다. 이럴 때 챗GPT에게 빅데이터 분석의 철학과 방향성에 대해 논의해보는 건 어떨까요? 통찰력 있는 조언을 들을 수 있을 겁니다. 마케터라면 트렌드에 민감해야 하는 만큼, 챗GPT와 함께 업계 동향을 분석하고 새로운 기회 요인을 발굴하는 브레인스토밍을 해보는 것도 좋겠네요. 이처럼 챗GPT의 방대한 지식베이스와 창의적 사고력을 활용한다면 전문 분야를 바라보는 혜안을 갖출 수 있을 것입니다.

물론 챗GPT의 한계도 명확히 인지할 필요가 있습니다. 아무리 뛰어난 AI라 해도 인간만큼 깊이 있는 통찰과 섬세한 감수성을 지니긴 어려울 테니까요. 윤리적 딜레마 상황에서의 판단력 역시 사람만 못하겠죠. 그러니 챗GPT를 맹신하거나 의존하기보다는 비판적으로 사고하고 주체적으로 학습하려는 자세가 요구됩니다. 챗GPT의 도움을 받되 그것을 무조건 답습하는 것이 아니라, 이를 바탕으로 스스로 고민하고 해법을 모색하는 훈련이 병행돼야 진정한 전문성 신장을 기대할 수 있을 것입니다.

이제 막 챗GPT를 활용해 전문성 개발을 시작하는 여러분께 몇 가지 조언을 드리고 싶습니다. 우선 두려워하지 말고 적극적으로 챗GPT와 소통해 보세요. 자신의 목표와 고민을 솔직하게 털어놓고 인사이트를 구하다 보면 생각지도 못한 해법과 만나게 될 거예요. 동시에 그 어느 때보다 능동적인 자세로 학습에 임할 것을 당부드립니다. 챗GPT가 아니라 바로 '나'야말로 전문성 향상의 주체임을 잊지 마세요. 끊임없이 질문하고, 깊이 사고하고, 창의적으로 문제를 해결하려는 의지를 갖는 것, 그것이 AI 시대를 항해하는 전문가의 자질이 아닐까 싶습니다.

지식 격차가 곧 기회의 격차로 직결되는 시대. 우리에겐 스스로의 가치를 높일 수 있는 전문성 무장이 그 어느 때보다 절실합니다. 그 여정에 챗GPT라는 똑똑한 조력자가 함께 하니 결코 외롭지 않을 것입니다. 포기하지 말고 꿋꿋이 정진하다 보면 어느새 자신만의 전문 역량을 갖춘 멋진 모습으로 성장해 있으리라 믿어 의심치 않습니다.

나만의 챗GPT
활용법 만들기

　지금까지 챗GPT의 기본기를 익히고, 다양한 활용 사례를 살펴봤습니다. 하지만 챗GPT 고수가 되는 진짜 비결은 바로 나만의 활용법을 만드는 데 있습니다. 자신의 업무와 관심사, 목표에 맞게 챗GPT를 창의적으로 활용하는 사람이야말로 진정한 챗GPT 마스터라 할 수 있겠죠.

　우선 자신만의 챗GPT 활용법을 고안하기 위해서는 업무 프로세스를 꼼꼼히 분석하는 것이 출발점이 될 거예요. 일상적인 업무 절차를 낱낱이 살펴보면서 자동화할 수 있는 부분, 챗GPT의 도움을 받으면 효율화할 수 있는 영역을 파악해 보세요. 예컨대 보고서 작성이 주된 업무인 분이라면 정형화된 문서 템플릿 제작을 챗GPT에게 요청할 수 있겠네요. 반복적으로 작성하는 문서라면 하나의 프롬프트로 정리해두고 필요할 때마다 입력하면 시간을 크게 아낄 수 있을 겁니다.

또한 나만의 맞춤형 지식베이스로 챗GPT를 활용하는 것도 유용해 보입니다. 평소 관심 있는 주제나 업무에 도움 될 만한 자료를 수집해 챗GPT에게 학습시키는 거죠. 스크랩한 아티클 본문이나 전문가 인터뷰 내용 등을 요약해 업로드하고, 관련 내용을 질문하는 식으로 말이에요. 이렇게 고도화된 데이터베이스를 쌓아간다면 개인화된 지식 도우미로서 챗GPT를 활용할 수 있습니다.

자주 다루는 고객의 니즈나 행동 패턴을 분석해달라고 요청하는 것도 좋은 방법이 되겠네요. 영업사원이라면 주요 고객사별 특성과 니즈를 정리해 입력하고 맞춤형 제안을 도출해볼 수 있을 겁니다. 마케터라면 타깃층의 구매 행동 데이터를 학습시켜 개인화 마케팅 전략 수립에 참고할 수 있겠죠. 이처럼 고객 대상에 대한 통찰을 제공하는 조력자로 챗GPT의 역할을 정의하는 것도 창의적인 활용법이 될 수 있어요.

업무뿐 아니라 개인적인 성장을 위해서도 챗GPT를 나만의 방식으로 활용해볼 만합니다. 가령 외국어 학습에 도전하는 분이라면 원어민 튜터를 대신해 챗GPT와 외국어로 대화를 나누는 연습을 해볼 수 있겠네요. 작문 첨삭을 부탁하거나 회화 표현을 알려달라고 요청하는 것도 도움 될 거예요. 건강 관리가 목표라면 식단이나 운동 계획 짜기를 챗GPT에게 맡겨볼 수도 있겠죠. 자기계발서 속 인사이트를 쉽게 풀어달라고 하는 것도 재미난 활용법이 될 듯싶네요.

이렇게 나만의 챗GPT 활용 아이디어를 고안했다면, 본격적으로 프롬프트 엔지니어링 스킬을 연마할 차례입니다. 각자 설정한 활용 목적에 맞게 최적화된 프롬프트를 디자인하고 끊임없이 개선해 나가보세요. 명확하고 구체적인 지시문일수록, 창의적이고 engaging한 요청일수록 품질 높은 결과를 기대할 수 있습니다. 그 과정에서 때로는 뜻밖의 결과에 낙담하기도 하고, 때로는 놀라운 인사이트에 흥분하기도 하겠지만 포기하지 말고 계속 실험하다 보면 어느새 프롬프트 장인의 경지에 오를 수 있을 거예요.

동료나 커뮤니티와 함께 만든 활용법을 공유하며 피드백을 나누는 것도 추천합니다. 내가 발견하지 못한 활용 팁을 듣게 될 수도 있고, 내 아이디어로 동료의 업무에 기여할 수도 있을 테니까요. 함께 노하우를 쌓아가다 보면 개인의 역량을 넘어선 시너지 효과를 경험하게 될 겁니다. 조직 차원에서 체계적으로 챗GPT 활용 방안을 모색하고 공유하는 문화가 정착된다면 업무 혁신은 물론 구성원의 성장에도 큰 도움이 되겠죠.

그러나 나만의 챗GPT 활용법을 만드는 과정은 결코 쉽지만은 않을 거예요. 시행착오를 겪을 수밖에 없고, 때로는 벽에 부딪히는 느낌을 받을 지도 모릅니다. 하지만 그 어려움조차 즐기며 끝없이 도전하는 자세가 무엇보다 중요합니다. 실패를 거듭할수록 챗GPT에 대한 이해도 깊어지고 활용의 노하우도 점점 생길 테니까요. 포기하지 않는 끈기와 호기심이야말로 나만의 챗GPT 마스터 공식을 찾아가는 원동력이 될 것입니다.

AI 기술이 빠르게 발전하는 상황에서 챗GPT는 그 시작에 불과할지도 모릅니다. 더욱 강력하고 섬세한 AI 도구들이 쏟아져 나올 것이고, 우리는 그 파도를 유유히 놓칠 수 없겠죠. 변화를 두려워하기보다 새로운 기회로 여기고 적극 활용하려는 자세, 그것이 바로 AI 시대의 핵심 역량이 될 것입니다.

7장
새로운 시대, 새로운 기회

새로운 시대, 새로운 기회

　인공지능 기술의 급속한 발전은 우리 삶에 큰 변화를 가져오고 있습니다. 특히 자연어 처리 분야에서 주목할 만한 성과를 보이는 챗GPT는 일상생활과 업무 방식에 혁신을 불러일으킬 것으로 기대됩니다. 이런 변화의 흐름 속에서 인생 2모작을 설계하는 중장년층에게 챗GPT는 놀라운 기회를 선사합니다.

　하지만 낯선 기술에 적응하는 일은 쉽지 않습니다. 중장년층은 AI에 대한 두려움과 거부감을 느낄 수 있습니다. 이는 자연스러운 반응이지만, 변화를 거부하기보다는 수용하고 활용하는 자세가 필요합니다. 새로운 기술을 학습하고 도전하려는 개방적 사고방식이 무엇보다 중요합니다.

나이가 들었다고 해서 성장을 포기할 순 없습니다. 평생학습의 자세로 AI 기술을 익히고 자신의 삶에 접목하는 지혜가 요구됩니다. 젊은 세대와 소통하며 함께 발전해 나가는 것 또한 필수적입니다. 세대 간 장벽을 허물고 상호 장점을 배우려는 태도야말로 AI 시대를 헤쳐나가는 원동력이 될 것입니다.

물론 이 과정이 순탄하지만은 않을 것입니다. 시행착오를 겪을 수밖에 없고 좌절감을 맛보게 될 수도 있습니다. 그러나 포기하지 않는 의지와 도전 정신만 있다면 결국 AI 시대에 적응하고 성장할 수 있을 것입니다. 변화를 두려워하지 말고 새로운 가능성을 모색하려는 적극적인 자세가 중요합니다.

중장년층은 AI 시대의 변화를 기회로 삼아 제2의 인생을 설계할 수 있습니다. 인공지능 기술은 이들에게 새로운 가능성을 열어주는 강력한 도구가 될 것입니다. 풍부한 인생 경험과 지혜를 바탕으로 챗GPT와 협력한다면 누구나 자신만의 색깔로 빛나는 인생 후반전을 그려나갈 수 있습니다. AI와 함께하는 중장년층의 도전은 우리 사회에 신선한 활력을 불어넣을 것입니다.

이제 중장년층이 주인공입니다. 어떤 분야에 관심이 있는지, 어떤 방식으로 AI 기술을 활용할 수 있을지 고민해보는 것이 좋겠습니다.

중장년층의 잠재력을 꽃피울 기회가 눈앞에 다가왔습니다. AI 시대의 변화에 발맞춰 끊임없이 학습하고 도전하는 자세만 있다면 황금빛 인생 2막을 만끽할 수 있을 것입니다.

챗GPT, 인생 2막의 든든한 조력자

챗GPT는 중장년층의 인생 재설계에 있어 강력한 도구로 활용될 수 있습니다. 자연어 처리 기술을 기반으로 한 챗GPT는 사용자와 대화하며 다양한 주제에 대해 정보를 제공하고 아이디어를 제시합니다. 이는 새로운 분야를 탐색하고 지식을 습득하는 데 큰 도움이 됩니다.

예를 들어, 퇴직 후 제2의 인생을 설계하는 과정에서 챗GPT를 활용할 수 있습니다. 관심 분야나 보유 역량을 바탕으로 챗GPT와 대화를 나누다 보면 새로운 아이디어와 통찰을 얻을 수 있습니다. 경력 전환, 창업, 자기계발 등 다양한 주제에 대해 챗GPT가 유용한 정보와 조언을 제공해줄 것입니다.

또한 챗GPT는 학습 과정에서도 유용하게 활용될 수 있습니다. 새로운 기술이나 지식을 배울 때 챗GPT에게 질문하고 설명을 들으며 이해도를 높일 수 있습니다. 챗GPT는 전문 용어를 쉽게 풀어 설명하고 실생활 사례를 들어 개념을 명확히 전달합니다. 이는 학습 속도를 높이고 흥미를 유지하는 데 도움이 됩니다.

나아가 챗GPT는 인생 2막을 위한 계획 수립에도 일조할 수 있습니다. 목표 설정, 일정 관리, 리스크 분석 등 계획 수립의 각 단계에서 챗GPT와 상의하며 체계적으로 준비해 나갈 수 있습니다. 챗GPT는 사용자의 상황과 니즈에 맞춰 맞춤형 솔루션을 제안하고 실행 과정을 꼼꼼히 안내합니다.

물론 챗GPT를 활용할 때는 주의할 점도 있습니다. 챗GPT가 제공하는 정보는 완벽하지 않을 수 있으며, 때로는 사용자의 의도를 정확히 파악하지 못할 수도 있습니다. 따라서 챗GPT의 조언을 맹목적으로 따르기보다는 비판적으로 검토하고 자신의 판단력을 발휘하는 것이 중요합니다.

또한 챗GPT에 지나치게 의존하다 보면 스스로 사고하고 문제를 해결하는 능력이 약화될 수 있습니다. 챗GPT는 어디까지나 보조 도구일 뿐, 주체적으로 학습하고 성장하려는 노력이 뒷받침되어야 합니다. 챗GPT와의 대화를 통해 영감을 얻되, 그것을 발판 삼아 자기 주도적으로 나아가는 것이 바람직한 활용 방식이라 할 수 있겠습니다.

중장년층이 챗GPT를 잘 활용한다면 인생 2막을 멋지게 설계해 나갈 수 있을 것입니다. 호기심과 열정을 바탕으로 챗GPT와 적극적으로 소통하며 새로운 가능성을 모색해 보시기 바랍니다. 챗GPT라는 든든한 조력자와 함께라면 변화의 파도를 가볍게 헤쳐나갈 수 있습니다.

AI 시대를 살아가는 우리에게 요구되는 것은 유연한 사고와 적응력입니다. 낯선 기술을 두려워하기보다는 그것이 가져다줄 기회에 주목할 필요가 있습니다.

인생 후반전을 위한 학습, AI와 함께 시작하기

중장년층이 인생 2막을 설계함에 있어 가장 중요한 것은 끊임없는 배움의 자세입니다. 급변하는 시대에 발맞추기 위해서는 새로운 지식과 기술을 습득하는 것이 필수적입니다. 이 과정에서 AI 기술, 특히 챗GPT는 강력한 학습 도구로 활용될 수 있습니다.

챗GPT를 통해 다양한 분야의 지식을 쉽고 빠르게 습득할 수 있습니다. 관심 있는 주제에 대해 챗GPT에게 질문하면 해당 분야의 기본 개념부터 심화 내용까지 체계적으로 설명해줍니다. 전문 용어나 복잡한 이론도 대화를 통해 자연스럽게 이해할 수 있습니다. 이는 독학으로 지식을 쌓는 것보다 훨씬 효과적인 학습 방법이 될 수 있습니다.

또한 챗GPT는 개인의 수준과 속도에 맞춘 맞춤형 학습을 제공합니다. 초보자라면 기초부터 차근차근 학습할 수 있고, 어느 정도 배경지식이 있다면 심화 내용으로 바로 넘어갈 수 있습니다. 언제든 궁금한 점을 질문하고 피드백을 받을 수 있어 능동적으로 학습을 이어나갈 수 있습니다.

챗GPT를 활용한 학습은 단순히 지식 습득에 그치지 않습니다. 챗GPT와의 대화를 통해 사고력과 문제해결능력도 기를 수 있습니다. 실생활의 문제나 도전 과제를 챗GPT에게 제시하고 해결 방안을 함께 모색하다 보면 창의적 사고와 논리력이 향상됩니다. 이는 급변하는 시대에 적응하고 혁신을 주도하는 데 필요한 핵심 역량이라 할 수 있습니다.

나아가 챗GPT는 자기 주도 학습을 촉진하는 촉매제 역할을 합니다. 챗GPT와의 대화를 통해 새로운 분야에 대한 호기심이 생기고 학습 동기가 부여됩니다. 스스로 질문을 생성하고 답을 찾아가는 과정에서 능동적 학습자로 거듭날 수 있습니다. 이렇게 챗GPT는 평생학습의 든든한 동반자가 되어줍니다.

물론 챗GPT를 활용한 학습이 만능은 아닙니다. 챗GPT의 지식은 방대하지만 완벽하지 않으며, 때로는 부정확하거나 편향된 정보를 제공할 수 있습니다. 따라서 챗GPT로부터 얻은 지식을 비판적으로 분석하고 다른 출처와 비교하는 자세가 필요합니다. 맹목적으로 수용하기보다는 스스로 사고하고 판단하는 능력을 길러야 합니다.

또한 AI 기술 자체에 대한 이해도 필요합니다. 챗GPT를 비롯한 AI 도구의 원리와 한계를 알고 윤리적으로 활용하는 자세가 요구됩니다. AI 시대의 디지털 리터러시를 갖추기 위해 꾸준히 노력해야 합니다. 기술을 바라보는 균형 잡힌 시각을 갖는 것이 중요합니다.

중장년 여러분, 인생 후반전을 위한 학습에 지금 바로 뛰어들어 보시겠습니까? 챗GPT라는 혁신적 도구를 손에 넣으셨습니다. 이제 그 힘을 빌려 미지의 분야를 탐구하고 새로운 지식을 깨우치며 제2의 전성기를 향해 나아가시기 바랍니다.

AI 글쓰기의 힘, 새로운 가능성을 열다

챗GPT가 가져온 혁신 중 가장 주목할 만한 것은 바로 글쓰기 분야일 것입니다. 챗GPT의 등장으로 글쓰기의 패러다임이 크게 바뀌고 있습니다. 블로그, 소셜미디어, 이메일 등 다양한 영역에서 챗GPT의 활약이 두드러지고 있는데요. 중장년층에게도 이는 새로운 기회가 될 수 있습니다.

챗GPT를 활용하면 글쓰기의 진입장벽이 크게 낮아집니다. 글쓰기가 어려웠던 분들도 챗GPT와 함께라면 자신의 생각을 효과적으로 표현할 수 있습니다. 챗GPT는 문장 구성, 문법, 맞춤법 등을 실시간으로 점검하고 교정해주기 때문입니다. 또한 글감이 떠오르지 않을 때도 챗GPT에게 주제를 입력하면 다양한 아이디어와 키워드를 제공해줍니다.

이렇게 보조 도구로써 챗GPT를 활용하면서 점차 글쓰기 실력을 향상시켜 나갈 수 있습니다. 초보 단계에서는 챗GPT가 제안하는 문장을 그대로 활용할 수 있지만, 숙련도가 높아지면 챗GPT의 제안을 창의적으로 바꾸어 자신만의 스타일로 글을 완성할 수 있습니다. 글쓰기를 즐기는 취미로 만들고 싶은 분들께 챗GPT는 최고의 동반자가 될 것입니다.

챗GPT를 활용한 글쓰기는 경제적 기회로도 이어질 수 있습니다. 퇴직 후 제2의 인생을 설계하는 과정에서 블로그나 유튜브 채널을 운영하며 수익을 창출하고자 하는 분들이 많을 텐데요. 이때 챗GPT가 콘텐츠 제작을 도울 수 있습니다. 주제 선정부터 글의 구성, 편집까지 챗GPT와 협업하며 양질의 콘텐츠를 빠르게 만들어낼 수 있습니다.

나아가 챗GPT를 활용해 전자책이나 온라인 강의 자료를 제작할 수도 있습니다. 그동안 머릿속에만 담아두었던 전문지식과 인생 경험을 세상에 공유하며 부수입을 얻는 것입니다. 중장년층의 가치 있는 지식이 사회에 환원되는 선순환 구조를 만드는 데 챗GPT가 일조할 수 있습니다.

물론 AI 글쓰기가 만능은 아닙니다. 아무리 뛰어난 AI라도 인간만이 가질 수 있는 감성과 창의성을 완벽히 흉내 낼 순 없습니다. 따라서 챗GPT가 쓴 글을 그대로 사용하기보다는 사람의 손을 거쳐 다듬는 과정이 필요합니다. 글의 목적과 독자를 고려하여 챗GPT의 결과물을 적절히 수정, 보완하는 것이 좋겠습니다.

또한 AI 글쓰기를 활용할 때는 윤리적 문제도 고려해야 합니다. 챗GPT를 활용한 글이라는 점을 밝히고 저작권을 존중하는 자세가 필요합니다. GPT로 만든 콘텐츠라도 그 책임은 최종적으로 사용자에게 있다는 점을 명심해야 할 것입니다.

중장년 여러분, 글쓰기에 대한 열정이 있다면 주저 없이 챗GPT의 문을 두드려 보시기 바랍니다. 첫 시도는 어설프더라도 괜찮습니다. 꾸준히 연습하고 챗GPT와 소통하다 보면 어느새 글쓰기의 즐거움에 빠져들게 될 것입니다.

중장년의 AI 활용, 삶의 지혜를 나누다

중장년층에게 인생 후반전을 맞이하여 AI 기술을 배우는 일은 단순히 새로운 도구를 익히는 것에 그치지 않습니다. 오랜 세월 동안 축적해온 삶의 경험과 지혜를 세상에 나누는 새로운 방법이기도 합니다. 챗GPT를 비롯한 AI 기술은 이러한 중장년층의 가치를 확장하고 사회에 기여할 수 있는 발판이 될 수 있습니다.

중장년층은 다양한 분야에서 전문성을 갖추고 있습니다. 오랜 기간 종사했던 직업 분야는 물론, 살아오면서 깨우친 인생의 진리와 교훈도 가지고 있지요. 이러한 소중한 자산을 AI 기술과 결합하여 더 많은 사람들과 공유할 수 있습니다. 예를 들어 챗GPT를 활용해 자신만의 경험을 녹여낸 콘텐츠를 제작하고 블로그나 SNS에 게시할 수 있습니다.

또한 AI 기술을 바탕으로 멘토링이나 컨설팅 서비스를 제공하는 것도 좋은 방법입니다. 경력 전환을 고민하는 청년들, 창업을 준비하는 이들, 인생의 전환기를 맞은 사람들에게 중장년층의 조언은 큰 힘이 됩니다. 화상 회의 플랫폼과 AI 도구를 활용하면 언제 어디서나 멘토링을 제공할 수 있습니다. 인공지능 기술로 상담 내용을 분석하고 체계화하면 더욱 전문적인 서비스를 제공할 수 있을 것입니다.

아울러 중장년층은 평생교육이나 커뮤니티 활동에도 AI 기술을 접목할 수 있습니다. 비슷한 관심사를 가진 중장년들이 온라인에서 학습 커뮤니티를 형성하고 AI 도구를 활용해 토론하고 협력하는 모습을 상상해 봅니다. 서로의 경험과 지식을 나누며 함께 성장하는 즐거움을 누릴 수 있을 것입니다. 이러한 학습 공동체는 중장년층의 역량 강화에도 도움이 될 뿐더러 사회적 가치 창출에도 기여할 수 있습니다.

물론 이 과정에서 주의할 점도 있습니다. AI가 만들어낸 정보를 무분별하게 공유하다 보면 잘못된 지식이 퍼질 수 있습니다. 따라서 AI가 제공한 내용을 활용할 때는 사실 확인을 거치고 전문가의 의견을 구하는 등 신중을 기해야 합니다. 사용자의 프라이버시를 보호하고 유해한 콘텐츠가 확산되지 않도록 모니터링하는 것도 중요한 과제입니다.

그럼에도 AI 기술을 활용한 지식 나눔의 가치는 결코 작지 않습니다. 중장년층의 삶의 경험과 전문성이 디지털 공간에서 재조명되고 활발히 공유된다면, 우리 사회는 한층 더 성숙해질 수 있을 것입니다. 세대 간 소통과 이해도 한층 깊어질 수 있겠지요.

존경하는 중장년 여러분, 이제 여러분의 인생 경험과 지혜를 디지털 방식으로 꽃피울 시간입니다. 챗GPT를 비롯한 AI 기술을 익히고 활용하는 데 주저하지 마시기 바랍니다. 여러분 한 분 한 분이 가진 값진 이야기와 깨달음을, AI의 힘을 빌려 세상과 나누는 멋진 인생 후반전을 펼쳐 보시길! 새로운 세대와 소통하며 함께 성장하는 기쁨도 누려보세요. 중장년의 빛나는 가치가 인공지능 기술과 만나 우리 사회에 온기를 불어넣을 수 있기를 기대합니다.

8장

AI 글쓰기의 미래 비전

AI 글쓰기의 현주소와 발전 전망

인공지능 기술이 빠른 속도로 발전하면서 우리 삶의 많은 부분이 변화하고 있습니다. 특히 자연어 처리 AI의 등장은 글쓰기 영역에 혁신적인 변화를 가져오고 있죠. 대표적인 예가 바로 GPTGenerative Pre-trained Transformer 기술을 활용한 AI 글쓰기 도구들입니다.

GPT는 방대한 텍스트 데이터를 학습해 인간처럼 자연스러운 글을 생성하는 언어 모델입니다. 2018년 GPT-1을 시작으로 GPT-2, GPT-3를 거쳐 최근에는 GPT-4까지 공개되었는데요. 놀라운 속도로 진화하고 있습니다. GPT-3는 1,750억 개의 매개변수를 학습한 거대 언어 모델로, 주어진 단서에 맞는 글을 매우 자연스럽고 창의적으로 써내려 갑니다. GPT-4는 이보다 훨씬 더 방대한 데이터를 학습했고, 이미지 인식 능력까지 갖추고 있다고 하죠.

GPT 기술을 활용한 대표적인 AI 글쓰기 도구로는 오픈AI의 ChatGPT가 있습니다. ChatGPT는 사용자와 대화하듯 상호작용하며 다양한 글쓰기 작업을 수행합니다. 주제에 맞는 글 생성, 문법 교정, 글 요약, 번역 등 광범위한 영역을 아우르죠. 마이크로소프트의 코파일럿, 앤트로픽의 클로드 등 각 IT 기업들도 경쟁적으로 AI 글쓰기 모델을 개발하고 있습니다.

이런 AI 글쓰기 도구들은 개인의 글쓰기 능력을 보완하는 요긴한 도구로 자리매김하고 있습니다. 작가, 블로거 등 글쓰기와 직결된 직군은 물론, 일반 직장인들도 업무용 글쓰기에 AI를 활용하는 사례가 늘고 있죠. 아이디어 발굴부터 문장 윤색, 맞춤법 검사에 이르기까지 AI와 협업하며 글쓰기의 질을 높이고 작성 시간을 단축하고 있습니다.

전문가들은 앞으로 AI 글쓰기 기술이 더욱 고도화되어 인간의 글쓰기를 넘어설 것으로 예측합니다. 실제로 GPT-3로 쓴 글이 사람이 쓴 글과 구분되지 않을 정도로 자연스러워졌죠. 데이터 학습량이 늘어나고 AI의 추론 능력이 향상되면서 창의성 영역까지 AI가 침범할 것이라는 전망도 나옵니다. 글쓰기 플랫폼과 AI의 결합도 가속화될 전망입니다. 네이버 블로그, 브런치 등 대표적인 글쓰기 플랫폼들이 AI 기반 글쓰기 보조 기능을 속속 도입하고 있죠.

물론 AI 글쓰기가 가진 한계와 우려의 목소리도 있습니다. AI가 학습한 데이터의 편향성과 윤리적 문제, 저작권 이슈 등이 지적되고 있죠. AI가 사실관계를 오인하거나 부정확한 정보를 생성할 가능성도 있습니다. 하지만 이런 문제들은 기술 발전과 사회적 합의를 통해 점차 해소될 수 있을 것입니다. AI 윤리 가이드라인 정립, 저작권법 정비 등의 노력이 필요한 시점이죠.

AI 글쓰기는 이제 막 시작 단계입니다. 제록스의 복사기가 문서 생산 방식을 근본적으로 뒤바꾼 것처럼, AI는 글쓰기의 패러다임을 송두리째 바꿔놓을 것입니다. 플라톤의 '파이드로스'에서 소크라테스는 글쓰기의 발명을 두고 인간이 기억력을 잃게 될 것이라 우려했지만, 결과적으로 글쓰기는 인류 지성사에 혁명을 가져왔죠. AI 글쓰기도 마찬가지일 것입니다. 우리가 어떻게 대응하고 활용하느냐에 따라 AI는 글쓰기의 지평을 무한히 넓히는 도구가 될 것입니다.

표 챗GPT와 그외 AI 글쓰기 도구

도구	용도 및 특징	주요 차이점
챗GPT	다양한 텍스트 기반 콘텐츠 생성, 이메일, 기사, 이야기, 코드 작성 등 다목적 활용 가능	다양한 주제에 대한 깊은 이해와 인간과 유사한 응답 생성, 다목적 활용 가능
Writesonic	마케팅 콘텐츠 생성에 특화, 광고 카피, 제품 설명, 랜딩 페이지 작성, SEO 친화적 콘텐츠 생성	마케팅 콘텐츠에 특화, 고전환율 콘텐츠 생성에 중점
Jasper.ai	SEO 최적화된 콘텐츠 대량 생성, 문법, 스타일, 톤 실시간 개선 기능 제공	SEO 콘텐츠 생성에 특화, 실시간 문법 및 스타일 개선 기능 제공
Copy.ai	사용자 맞춤형 창 콘텐츠 생성, 마케팅 및 콘텐츠 생성에 유용, "Improve" 기능 제공	여러 AI 모델 사용, 세부적인 맞춤형 콘텐츠 생성, 다양한 기능 제공
Copy.ai	클라우드 기반의 AI, 대규모 데이터 분석 및 처리, 텍스트 생성, 번역, 요약, 맞춤형 응답 제공	대규모 데이터 처리에 강점, 클라우드 기반의 유연한 확장성 제공, 고성능 데이터 분석 및 실시간 처리 기능 제공
Google Gemini	빠르고 정확한 응답, 실시간 인터넷 접근, 최신 정보 제공, 구글 애플리케이션과의 통합 기능 제공	실시간 인터넷 접근, 최신 정보 제공, 구글 애플리케이션과의 통합 기능 제공

AI 글쓰기가
가져올 변화와 우리의 과제

'GPT-3를 활용해 쓴 글이 사람이 쓴 글과 구분되지 않는다.', '뉴욕타임스의 베스트셀러 목록에 AI가 쓴 소설이 올랐다.' 최근 이런 소식들이 심심치 않게 들립니다. 자연어 처리 AI 기술이 글쓰기 분야에서 괄목할 만한 성과를 보여주고 있기 때문이죠. 전문가들은 AI 글쓰기가 사회 전반에 혁신적 변화를 가져올 것으로 내다봅니다. 그 변화의 물결을 살펴보고, 우리가 어떻게 준비해야 할지 함께 고민해 보겠습니다.

무엇보다 AI 글쓰기는 콘텐츠 생산 방식을 근본적으로 바꿔놓을 전망입니다. 지금까지는 사람이 글을 쓰고, 편집하고, 배포하는 일련의 과정을 거쳤죠. 하지만 AI 글쓰기 도구의 등장으로 이 과정이 자동화되고 있습니다. 블로그나 뉴스 기사 같은 정형화된 콘텐츠는 물론, 소설이나 시 같은 창작물까지 AI가 도맡아 쓰는 시대가 머지않았습니다.

콘텐츠 산업 지형도 크게 변화할 것으로 보입니다. 지금까지는 사람의 글쓰기 역량이 콘텐츠 경쟁력의 핵심 요소였다면, 앞으로는 AI 기술 활용 능력이 콘텐츠 산업의 성패를 가를 것입니다. 개인 창작자들은 AI를 적극 활용해 생산성을 높이고, 기업들은 AI 글쓰기 모델 고도화에 박차를 가하게 될 것입니다. 네이버, 카카오 같은 포털 기업과 빅테크 기업의 AI 글쓰기 기술 경쟁이 치열해질 전망이죠.

교육계에도 AI 글쓰기가 가져올 변화의 바람이 거세게 불 것 같습니다. 지금까지 글쓰기는 주로 국어 교과에서 다뤄졌습니다. 하지만 앞으로는 AI 글쓰기 활용 능력이 범교과 역량으로 강조될 것입니다. 학생들은 AI를 활용해 효과적으로 글을 쓰는 방법을 익히고, AI가 만들어낸 글의 질을 평가하고 개선하는 능력을 길러야 할 것입니다. 동시에 AI로는 할 수 없는 인간 고유의 창의성과 공감 능력도 함께 배양해야겠죠.

AI 글쓰기의 발전은 고용 시장에도 적잖은 영향을 미칠 것으로 보입니다. 작가, 기자, 블로거 등 글쓰기와 직결된 직군은 AI와의 경쟁을 피할 수 없게 됐죠. 실제로 마이크로소프트의 AI 블로그 작가 '켈리'는 운영 6개월 만에 무려 5만 건의 게시물을 작성했다고 합니다. 한 사람이 6개월간 5만 건의 글을 쓰는 건 불가능에 가깝죠. 일자리를 잃을 위기에 처한 이들도 있겠지만, 새로운 직업도 생겨날 것입니다. 챗GPT 전문가, AI 글쓰기 강사, AI 모델 큐레이터 같은 신종 직업이 떠오르고 있습니다.

글쓰는 AI의 확산은 사회 전반의 글쓰기 문화도 바꿔놓을 것입니다. 지금까지 우리는 글쓰기를 특별한 재능이 있는 사람들의 전유물쯤으로 여겨왔습니다. 하지만 앞으로는 누구나 AI의 도움을 받아 수준급의 글을 쓸 수 있게 될 것입니다. 대신 글쓰기의 주안점은 '어떻게 써야 하는가'에서 '무엇을 써야 하는가'로 옮겨갈 것입니다. AI가 문장을 다듬는 일은 도맡아 하겠지만, 글의 주제와 방향성을 결정하고 창의적인 아이디어를 제시하는 건 여전히 사람의 몫이기 때문입니다.

한편 AI 글쓰기 기술은 아직 완전하지 않습니다. AI가 작성한 글은 때로 사실관계 오류를 담고 있거나, 편향성 문제를 야기하기도 합니다. 윤리적 딜레마도 만만치 않습니다. AI가 쓴 글의 책임 소재, 지적재산권 귀속 문제 등을 두고 논란이 일고 있죠. 기술적 한계를 극복하고 사회적 합의를 도출하는 과정이 필요할 것 같습니다.

이처럼 AI 글쓰기는 우리에게 기회인 동시에 도전 과제이기도 합니다. 우리는 AI 글쓰기 기술을 적극 수용하되, AI로 인한 부작용은 최소화하는 지혜를 발휘해야 할 것입니다. AI 시대의 새로운 글쓰기 규범과 윤리 기준을 세우고, 교육과 법·제도를 정비해 나가야겠죠. 기술은 인간을 대신하는 게 아니라 인간의 능력을 배가하는 도구임을 명심해야 합니다. 그렇게 한다면 AI 글쓰기는 분명 우리 삶을 더 풍요롭게 하고 인간의 창의성을 꽃피우는 디딤돌이 될 것입니다.

기업과 직장인을 위한
AI 글쓰기 활용법

　AI 글쓰기 기술은 개인의 삶은 물론, 기업 경영과 직장 업무 방식에도 큰 변화를 가져오고 있습니다. 글로벌 기업들은 이미 AI 글쓰기 도구를 업무에 적극 도입하며 생산성 향상의 성과를 거두고 있는데요. 마이크로소프트는 자사의 클라우드 서비스인 애저(Azure)에 OpenAI의 GPT 모델을 탑재해 기업 고객에게 제공하고 있습니다. 영업 이메일 작성, 기획서 및 보고서 작성, 소셜미디어 콘텐츠 제작 등에 AI 글쓰기를 활용하며 업무 효율을 높이고 있죠.

　국내에서도 네이버, 카카오, LG CNS 등 주요 IT 기업들이 경쟁적으로 AI 글쓰기 서비스를 출시하며 기업 고객 공략에 나서고 있습니다. 네이버는 클라우드 플랫폼 '네이버 클로바'에 대화형 AI 기술을 접목한 '클로바 크래프트'를 선보였는데요. 금융, 제조, 유통 등 다양한 산업군의 기업들이 활용하고 있다고 합니다. 카카오엔터프라이즈는 한국어 특화 AI 글쓰기 모델 '헤담'을 공개해 화제를 모았죠. 중소기업, 스타트업들도 클라우드 기반의 AI 글쓰기 서비스를 통해 마케팅, 고객 응대 등의 업무를 자동화하며 경쟁력을 높여가고 있습니다.

그렇다면 기업과 직장인은 AI 글쓰기 기술을 어떻게 활용하면 좋을까요? 가장 먼저 AI 글쓰기의 강점과 한계를 정확히 이해할 필요가 있습니다. AI는 단순 반복적인 글쓰기 작업, 정형화된 양식의 문서 작성 등에서 탁월한 성과를 보여줍니다. 반면 맥락 이해가 필요하거나 독창적인 아이디어가 요구되는 글쓰기에는 한계가 있죠. 따라서 AI를 활용할 업무와 직접 수행할 업무를 적절히 구분하는 것이 중요합니다.

업무별로 구체적인 활용 방안을 살펴보겠습니다. 영업 부서에서는 제품 소개 이메일, 고객 제안서 작성에 AI를 활용할 수 있습니다. 타깃 고객의 특성에 맞는 맞춤형 콘텐츠를 대량으로 생산할 수 있어 업무 효율이 크게 높아지죠. 마케팅 부서에서는 블로그 포스팅, SNS 콘텐츠 제작, 보도자료 작성 등에 AI 글쓰기를 적용할 만합니다. 방대한 데이터를 분석해 타깃 고객의 관심사에 꼭 들어맞는 콘텐츠를 자동 생성할 수 있습니다.

기획이나 전략 부서에서는 시장조사 보고서, 사업계획서 작성에 AI를 보조 도구로 활용할 수 있겠죠. 챗GPT에 관련 정보를 입력하면 시장 동향과 인사이트를 요약해 주고, 문서의 기본 구조와 내용을 제안해 줍니다. 사내 교육 담당자라면 AI를 통해 교육 자료를 손쉽게 제작하고, 맞춤형 학습 콘텐츠를 제공할 수 있을 것입니다. HR 쿠서에서는 채용 공고문과 지원자 합격 통보 메일 작성을 AI에게 맡길 수 있겠죠.

개인 직장인 입장에서는 AI 글쓰기 도구를 활용해 업무 효율성과 전문성을 제고할 방안을 모색해야 합니다. 영업사원이라면 챗GPT를 활용해 고객에게 보낼 제안서를 손쉽게 작성할 수 있고, 마케터라면 제품 소개 카피와 블로그 포스팅을 자동 생성할 수 있겠죠. 기획자나 전략 담당자는 AI가 만들어준 초안을 바탕으로 문서를 다듬고 인사이트를 보완하는 식으로 협업할 수 있을 것입니다.

물론 이 과정에서 몇 가지 유의할 점이 있습니다. 무엇보다 AI가 생성한 콘텐츠를 무턱대고 활용해서는 안 됩니다. AI가 만든 글은 사실 관계 오류나 저작권 문제가 있을 수 있기에 반드시 사람이 검토하고 수정하는 과정이 필요합니다. 기업 기밀이나 고객 개인정보를 담고 있는 데이터는 AI 학습에 활용하지 않도록 주의해야겠죠. 아울러 글쓰기 과정에서 AI에 지나치게 의존하다 보면 직원들의 창의력과 문제해결력이 오히려 퇴화할 수 있다는 점도 경계해야 합니다.

따라서 기업은 AI 글쓰기 활용을 위한 가이드라인을 세우고, 직원 교육을 강화할 필요가 있습니다. 어떤 업무에 AI 글쓰기를 활용할지, 업무별 책임자는 누구로 할지 등을 명확히 규정하고 프로세스를 확립해야 하죠. 아울러 직원들이 AI 글쓰기 원리를 이해하고 창의적으로 활용할 수 있도록 교육 프로그램을 제공하는 것도 중요합니다.

우리는 지금 산업혁명에 버금가는 AI 혁명의 시대를 맞이하고 있습니다. AI 글쓰기 기술은 기업 경영과 일하는 방식에 새로운 바람을 일으키고 있죠. 린 휘트먼 전 HP, 이베이 CEO는 "기업이 인공지능을 어떻게 활용하느냐가 향후 10년간 기업 경쟁력을 좌우할 것"이라고 말했습니다. AI 글쓰기 기술을 어떻게 활용할지, 그 과정에서 인간만의 고유한 능력을 어떻게 계발할지 고민해야 할 때입니다. 기업과 직장인 모두 열린 자세로 AI 글쓰기 기술을 받아들이고 적응해 나간다면 분명 더 나은 내일을 맞이할 수 있을 것입니다.

교육 현장에서의
AI 글쓰기 활용과 대안

AI 글쓰기 기술은 교육 분야에도 혁신의 바람을 일으키고 있습니다. 학생들의 글쓰기를 지원하고 교사들의 업무 부담을 줄여주는 동시에, 교육 과정과 평가 방식의 변화를 요구하고 있죠. 전 세계 교육자들은 AI 글쓰기 도구를 교육에 어떻게 활용할 것인지 고심하는 한편, AI 시대에 걸맞은 글쓰기 교육의 방향성을 모색하고 있습니다.

AI 글쓰기 도구가 교육 현장에 가져올 가장 큰 변화는 개인 맞춤형 학습 지원이 가능해진다는 점입니다. 교사가 학생 개개인의 글쓰기 능력과 성장 과정을 일일이 파악하기란 쉽지 않았죠. 하지만 AI 글쓰기 프로그램을 활용한다면 학생 개인의 수준과 특성에 맞는 글쓰기 피드백을 제공할 수 있습니다. 문법, 어휘, 문장 구조 등 글쓰기의 형식적

측면은 AI가 즉각적으로 첨삭해 주고, 교사는 내용의 논리성과 창의성을 지도하는 식으로 역할을 분담할 수 있을 것입니다.

나아가 AI 글쓰기 도구는 협력 학습의 촉매제로도 활용될 수 있습니다. 학생들이 공동 프로젝트를 수행할 때 아이디어 발상과 개요 작성 과정에서 AI의 도움을 받을 수 있겠죠. 학생들은 AI가 제시한 초안을 함께 검토하고 수정해 나가며, 동료 간 피드백을 주고받을 수 있습니다. 이는 학생들의 협업 능력과 의사소통 능력 계발에도 도움이 될 것입니다.

교사들 역시 AI 글쓰기를 활용해 수업 자료 제작과 과제 채점 등의 부담을 덜 수 있습니다. 수업 계획안이나 학습 자료 작성에 AI를 활용한다면 시간과 노력을 크게 절약할 수 있죠. 방대한 양의 학생 에세이를 일일이 첨삭하고 채점하는 일도 AI가 대신해 줄 수 있습니다. 다만 AI 평가가 내용의 심층적 이해나 창의성 측면에서는 한계가 있기에, 총괄 평가보다는 형성 평가 차원에서 제한적으로 활용하는 것이 바람직해 보입니다.

이처럼 AI 글쓰기 기술은 교육 현장에 다양한 혜택을 가져다줄 것으로 기대됩니다. 하지만 AI 글쓰기의 교육적 활용이 궁극적으로는 학생들의 글쓰기 능력 향상으로 이어져야 한다는 점을 잊어서는 안 됩니다. AI에 의존해 글쓰기 훈련 기회가 줄어들거나, AI를 활용한 표절 행위가 만연해지는 것은 경계해야 할 부작용입니다.

따라서 AI 시대에는 글쓰기 교육의 중점을 글쓰기의 형식보다 내용에 두는 방향으로 전환해야 할 것입니다. 사실과 의견의 구분, 논거의 타당성과 신뢰성 평가, 창의적 사고와 논증 능력 배양 등에 글쓰기 교육의 무게중심을 둬야 한다는 얘기죠. 기존의 지식 전달 중심, 암기 위주 교육으로는 AI 글쓰기 능력을 뛰어넘는 인재를 키워내기 어려울 것입니다.

또한 AI 윤리 교육도 강화해야 합니다. 학생들이 AI 글쓰기 도구를 어떤 맥락에서 어떻게 사용해야 하는지, AI 생성 콘텐츠의 진실성과 편향성은 어떻게 판단해야 하는지 등을 가르쳐야겠죠. 교사들 역시 AI 활용 교육에 대한 인식을 제고하고 전문성을 갖출 수 있도록 연수 기회를 대폭 확대해야 할 것입니다.

무엇보다 중요한 것은 교육의 본질인 '사람'을 잃지 않는 것입니다. 기술은 강력하지만 그 자체로 선하지도, 악하지도 않습니다. AI를 윤리적으로 사용하고 AI로 해결할 수 없는 인간 고유의 영역을 지켜내는 것은 결국 우리의 몫입니다. 바둑에서 알파고를 이긴 이세돌 9단은 "AI에 대응하려면 사람답게 두는 것이 가장 중요하다"고 했죠. 교육의 현장에서도 AI 글쓰기에 대응하는 방법은 결국 '사람답게 쓰고, 사람답게 가르치는 것'이 아닐까요.

교육부에서는 최근 'AI 활용 글쓰기 교육 지원 계획'을 발표했습니다. 초·중·고에 AI 글쓰기 도구를 보급하고, 교사 대상 연수를 강화하며, AI 활용 교육과정 모델을 개발한다는 내용을 담고 있죠. 정부와 교육계가 머리를 맞대고 AI 글쓰기 교육의 방향성을 모색하고 있다는 점에서 고무적입니다. 앞으로 AI 글쓰기를 교육에 어떻게 녹여낼 것인지 사회적 공론화도 활발히 이뤄져야 할 것 같습니다.

알파고의 등장 이후 바둑은 여전히 건재합니다. AI와의 대결 속에서 오히려 바둑의 본질과 아름다움을 재발견하게 된 계기가 되었죠. AI 글쓰기의 등장 역시 글쓰기 교육을 근본적으로 성찰하고 혁신할 기회가 될 수 있습니다. AI에게는 어려운 성찰과 고뇌, 공감과 소통의 힘을 글쓰기 교육의 핵심으로 삼아야겠죠. 그렇게 할 때 우리의 글쓰기는 단순히 AI를 모방하는 것이 아니라, AI와는 다른 인간만의 고유한 글쓰기로 진화해 갈 수 있을 것입니다.

AI 시대, 우리는 무엇을 준비해야 하는가

지금까지 AI 글쓰기가 가져올 변화와 그에 따른 우리 사회의 대응 방안에 대해 살펴보았습니다. 기술은 우리에게 도구를 줄 뿐, 그것을 어떻게 사용할지는 우리의 몫이라는 점을 되새겨 봅니다. AI 글쓰기라는 신기술을 어떤 마음가짐으로 받아들이고 활용할 것인지, 변화의 소용돌이 속에서 우리는 무엇을 준비해야 할지 생각해 보는 것으로 글을 맺고자 합니다.

AI 글쓰기 기술은 이미 우리 삶 깊숙이 파고들었습니다. 개인의 일상부터 기업 경영, 교육, 학문에 이르기까지 AI 글쓰기의 영향력은 더욱 확대될 전망입니다. 이런 변화를 막을 수는 없습니다. 중요한 것은 변화를 어떤 자세로 받아들이느냐입니다. 기술 발전을 두려워하거나 무작정 수용할 게 아니라, 적극적으로 이해하고 현명하게 활용하는 지혜가 필요한 시점이죠.

AI 글쓰기 시대를 슬기롭게 헤쳐 나가기 위해 우리는 무엇보다 '휴먼 터치 human touch'를 잃지 않도록 노력해야 합니다. 기계는 아무리 뛰어나도 인간 고유의 감성과 창의성, 공감 능력을 온전히 구현해 내기 어렵습니다. 따라서 글쓰기에 있어서도 AI가 미치지 못하는 인간만의 영역을 발견하고 육성하는 일이 중요합니다. 내면을 성찰하고 타인과 공감하며 경험에서 우러나오는 통찰을 담아내는 것, 그것이 바로 인간만이 할 수 있는 글쓰기의 본령이 아닐까요.

둘째, AI와 협업하는 역량을 갖춰야 합니다. 미래 사회에서는 AI를 얼마나 잘 활용하느냐가 개인과 기업, 국가의 경쟁력을 좌우할 것입니다. 이는 글쓰기도 마찬가지입니다. ChatGPT 등 AI 글쓰기 도구의 기능과 한계를 정확히 이해하고, 업무에 효과적으로 활용할 줄 아는 능력이 무엇보다 중요해질 것입니다. 단순히 AI가 쓴 글을 그대로 가져다 쓰는 것이 아니라, AI와 협업하며 시너지를 내는 방법을 익혀야겠죠.

셋째, AI 시대에 걸맞은 교육 혁신이 필요합니다. 암기와 주입식 교육으로는 AI가 넘쳐나는 세상을 살아가기 어렵습니다. 이제 교육은 지식의 습득보다 활용에 방점을 찍어야 합니다. 정보의 홍수 속에서 핵심을 꿰뚫어 보는 통찰력, 서로 다른 지식을 연결해 새로운 가치를 만들어내는 창의력, 그리고 AI에 함몰되지 않는 균형 잡힌 시각을 길러주는 교육이 중요합니다. 글쓰기 교육 역시 표현 기술보다 사고력 함양에 주력해야겠죠.

넷째, 기술 혁신에 걸맞은 사회 제도의 정비가 필요합니다. 일자리 문제가 대표적입니다. AI로 인한 실직 문제에 대비해 사회 안전망을 촘촘히 짜야 합니다. 직업 교육과 재교육 프로그램을 강화하고, 평생교육 체계를 고도화해야겠죠. 아울러 AI로 인한 양극화와 불평등 문제에도 선제적으로 대비해야 합니다. AI 기술이 소수에게단 집중되지 않도록, 모두를 위한 AI 활용 교육에 힘써야 할 것입니다.

마지막으로 AI 윤리에 대한 사회적 합의를 도출하는 것이 중요합니다. AI 글쓰기를 둘러싼 저작권, 프라이버시, 책임 소재 등의 문제를 함께 고민하고 기준을 마련해야겠죠. AI 개발과 활용의 전 과정에서 인간의 기본권이 훼손되지 않도록, 그리고 인간성이 물화되거나 왜곡되지 않도록 경계해야 합니다. AI가 가진 편향성과 차별의 위험을 인식하고, AI에 대한 민주적 통제 장치도 고민해 보아야 할 것입니다.

지금 우리는 코페르니쿠스적 전환의 시대에 살고 있습니다. AI 기술은 산업혁명에 비견될 만큼 우리의 삶을 근본적으로 바꿔놓고 있습니다. 이런 격변기를 헤쳐 나가기 위해서는 인간 본연의 가치와 고유성에 대한 성찰, 기술과 인간의 공존에 대한 깊이 있는 통찰이 무엇보다 필요해 보입니다. 우리 각자가 AI 기술을 어떻게 받아들이고 어떻게 활용할 것인지 진지하게 고민하는 자세가 그 출발점이 될 것입니다.

불과 몇 년 전만 해도 AI가 스스로 글을 쓸 거라고 상상하기 어려웠습니다. 하지만 이제 AI 글쓰기는 현실이 되었고, 머지않아 우리 일상 깊숙이 자리 잡을 것으로 보입니다. AI와 더불어 살아갈 미래를 현명하게 준비해야 할 때입니다. 기술 발전에 휘둘리지 않으면서도 적극적으로 변화를 수용하고, AI와 협업하면서도 인간 고유의 영역을 지켜내는 지혜가 필요한 시점이죠.

우리는 AI와 함께 놀라운 가능성의 세계로 나아가고 있습니다. AI 글쓰기가 열어갈 미래가 어떤 모습일지 우리는 아직 알 수 없습니다. 다만 분명한 것은 우리의 선택과 노력에 따라 그 미래는 달라질 수 있다는 사실입니다. 인간다움을 잃지 않으면서 기술과 조화롭게 공존하는 길, 바로 그 길을 우리 모두 함께 만들어 가야 할 것입니다. AI 글쓰기라는 새로운 문명의 전개 앞에서, 우리 각자가 어떤 선택을 할 것인지 깊이 생각해 보았으면 합니다.

부록

AI로 영화 시나리오쓰기

AI로 영화 시나리오쓰기

최근 AI 기술의 발전으로 영화 제작 과정에서 AI 도구의 활용이 점점 늘어나고 있는데요. AI 도구를 이용해 성공적으로 영화를 제작한 사례들을 살펴보면서 AI가 영화 산업에 가져올 변화와 가능성에 대해 생각해 보는 것은 어떨까요?

2016년, 영화 감독 오스카 샤프와 인공지능 연구자 로스 굿윈은 AI 기술을 활용해 단편 영화 'Sunspring'을 제작했습니다. 이들은 수많은 SF 영화 대본을 학습한 AI에게 등장인물과 몇 가지 설정을 입력하고 나머지 내용은 AI가 자동으로 생성하게 했죠. 그 결과 나온 것이 9분 분량의 'Sunspring'입니다. 영화제에서 화제를 모았던 이 실험적 프로젝트는 AI가 창의적 글쓰기에 어떤 가능성을 가졌는지 보여주는 이정표가 되었죠.

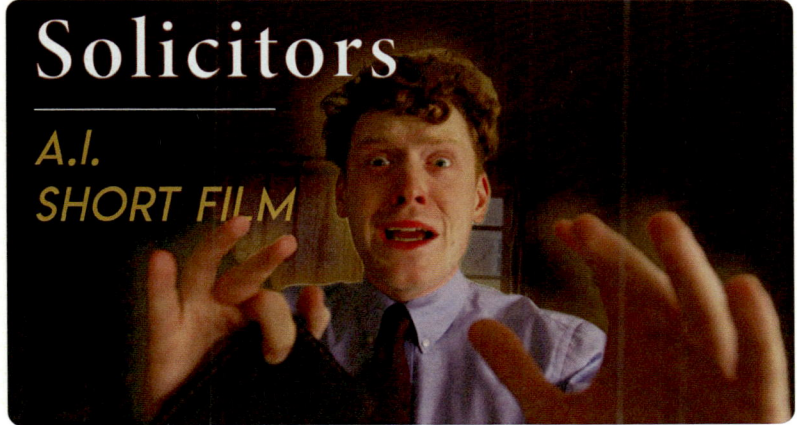

또 다른 사례로는 GPT-3 기술을 활용해 제작된 'Solicitors'를 들 수 있습니다. 미국 채프먼 대학교 학생들이 AI를 활용해 15분 분량의 시나리오를 써내려가게 하고, 이를 영상으로 구현해낸 작품이죠. 학생들은 시나리오 초안을 쓰는 데 겨우 5시간밖에 걸리지 않았다고 해요. 이처럼 AI를 창작 파트너로 활용하면 시나리오 작성에 소요되는 시간과 노력을 크게 줄일 수 있습니다.

국내에서도 웨인힐스브라이언트AI가 AI 도구로 장편 영화를 제작한다는 소식이 화제가 되었는데요. 이 프로젝트는 시나리오부터 배우 섭외, 음악, 편집까지 제작 전 과정에 AI 기술을 활용한다고 합니다. AI가 시나리오 작성을 넘어 영화 제작 전반을 주도하는 세상이 성큼 다가온 것 같아 흥미롭습니다.

표 AI를 활용해 영화 제작 사례

영화 제목	설명
Solicitors	GPT-3가 작성한 대본을 바탕으로 채프먼 대학교 학생들이 제작한 영화. AI가 쓴 대본을 수정하지 않고 그대로 사용.
인공지능 뉴 시네마 무비	웨인힐스브라이언트AI가 시나리오, 영상, 음성, 이미지, 자막 모두를 생성 AI로 제작한 영화. 국내에서 생성 AI로 제작된 첫 상업적 개봉 영화.
더 프로스트	이미지 생성 AI로 모든 장면을 만든 12분짜리 단편 영화. AI 영화 제작의 새로운 장르를 보여줌.
오스카 샤프와 로스 굿윈의 공동작업	AI가 작성한 시나리오를 바탕으로 영화감독 오스카 샤프와 인공지능 연구자 로스 굿윈이 제작한 실험적 영화.

그렇다면 AI 도구를 어떻게 활용하면 시나리오 작성에 도움을 받을 수 있을까요? 시나리오 작성 과정은 크게 아이디어 구상, 개요 작성, 초고 집필, 수정 및 개선의 단계로 나눌 수 있는데요. 각 단계에서 활용할 수 있는 AI 도구들을 소개해 드리겠습니다.

먼저 아이디어 구상 단계에서는 AIScreenwriter나 Livy AI Screenwriter 같은 도구가 유용합니다. 여러분이 입력한 주제나 키워드를 바탕으로 다양한 스토리 아이디어와 플롯 라인을 제안해주기 때문이죠. 작가 여러분은 이 제안들을 훑어보면서 구체적인 이야기의 모습을 그려볼 수 있습니다. 창의력에 막히는 벽을 AI의 도움으로 허물 수 있는 거죠.

예를 들어 AIScreenwriter의 브레인스토밍 기능을 활용하는 방법은 이렇습니다. 먼저 시나리오의 장르와 기본 설정, 주요 인물을 입력하세요. AI가 이를 바탕으로 잠재력 있는 플롯 아이디어 리스트를 생성해줍니다. 가령 '우주'라는 키워드를 입력하면 "인류를 구원할 자원을 찾기 위해 깊은 우주로 모험을 떠나는 탐험대"와 같은 이야기 라인이 제시되는 식이죠. 제안된 아이디어들을 꼼꼼히 살펴보면서 가장 끌리는 이야기의 씨앗을 골라보세요.

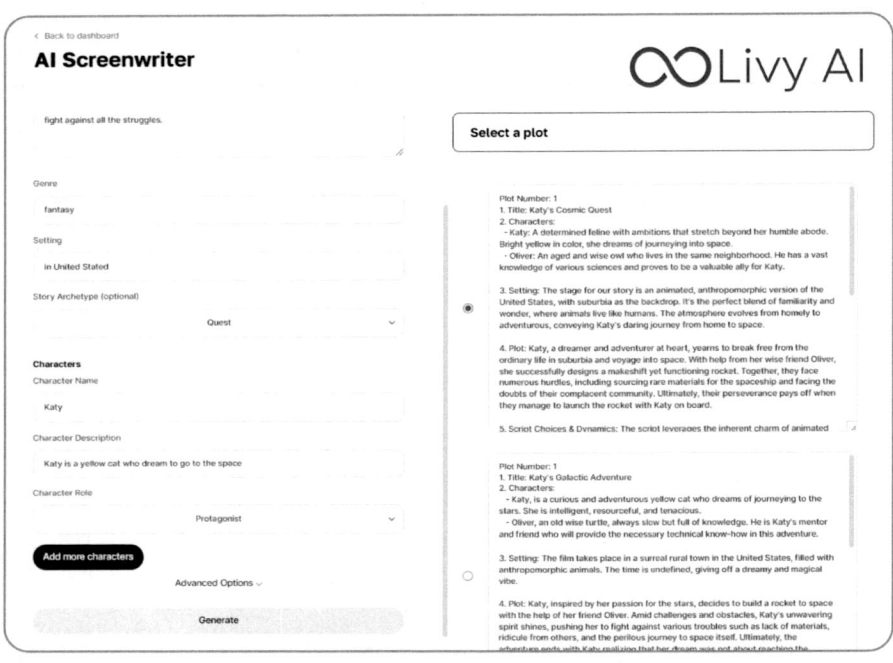

Livy AI Screenwriter의 경우 사용자가 프로젝트의 유형(영화, TV쇼, 광고 등)과 장르를 선택하면 관련 아이디어와 이야기 전개 방식을 추천해줍니다. 선택한 장르의 핵심 요소들(로맨틱 코미디라면 남녀 주인공의 알콩달콩한 만남과 오해, 갈등 등)을 조합해 다양한 플롯 패턴을 만들어내는 것이죠. 여러분은 AI가 제안한 기본 골격에 디테일과 개성을 붙여 나가면서 이야기를 풍성하게 만들어갈 수 있습니다.

아이디어가 어느 정도 구체화되면 이를 토대로 시나리오 개요를 잡아볼 차례입니다. 시놉시스나 트리트먼트 단계에서는 NolanAI나 히트포

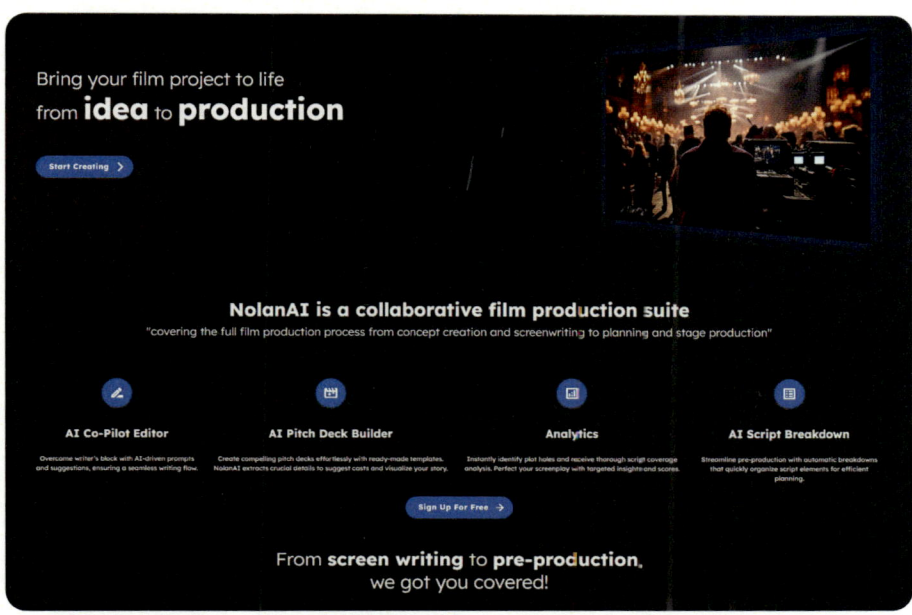

에디메이커가 활약할 때예요. NolanAI의 아웃라인 생성 기능을 사용하면, 준비한 플롯 포인트를 입력하면 그에 맞춰 시퀀스 단위의 개요가 자동으로 완성됩니다. "1. 주인공 소개 2. 사건 발단 3. 위기 4. 절정 5. 결말"처럼 익숙한 3막 구조나 시퀀스 구조로 개요를 손쉽게 정리할 수 있죠.

히트포 에디메이커의 경우 장면별 요약 Scene summary 기능을 제공하는데요. 각 장면의 시작과 끝, 인물의 행동, 대사의 주제 등을 간략히 입력하면 AI가 이를 문장으로 자연스럽게 연결해줍니다. 개요에서 가장 중요한 것은 이야기의 흐름을 잡아주는 뼈대를 세우는 일인데, 히트포 에디메이커가 그 작업을 수월하게 만들어준다고 할 수 있겠네요.

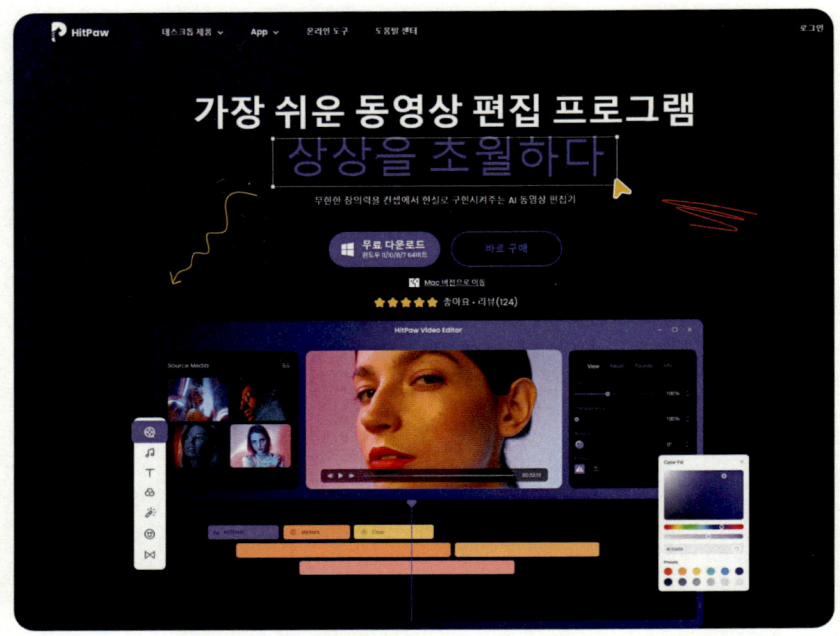

이제 개요를 토대로 초고 작성에 돌입할 시간입니다. 초고 단계에서는 AI 도구를 활용해 등장인물의 대사나 행동 묘사를 자동 생성하는 것이 도움이 될 거예요. NolanAI는 사용자가 입력한 인물과 상황 설정에 맞춰 대사를 작성해주는 기능이 있습니다. 극중 인물의 성격이나 감정 상태를 고려해 그에 어울리는 대사를 만들어내는 것이죠.

예를 들어 한 장면에서 주인공이 절망에 빠져 독백하는 상황이라고 해보겠습니다. 주인공의 심리와 처한 상황을 입력하면 NolanAI가 이런 대사를 생성해낼 수 있습니다. "나는 모든 것을 잃어버렸어. 내 삶의 이유였던 사람도, 꿈꾸던 미래도 (한숨) 다시 일어설 수 있을까? 이 깊은 수렁에서 빠져나갈 수 있을까?" 이처럼 AI가 만들어낸 대사를 토대로 작가가 다듬고 윤색하면서 리얼한 인물을 구축해나갈 수 있죠.

Livy AI Screenwriter도 비슷한 기능을 갖추고 있는데요. 이 도구는 각 인물의 문체와 화법을 분석해 입체감 있는 대사를 써내려가는 데 특화되어 있습니다. 같은 상황에 처한 10대 소녀와 60대 노인의 대사는 분명 다를 텐데요. Livy AI Screenwriter는 이런 인물들의 연령, 성별, 신분에 걸맞은 개성적인 어투를 구사하죠. 덕분에 작가는 다양한 유형의 인물들을 생생하게 그려낼 수 있게 됩니다.

첫 드래프트가 완성되면 여러 차례의 손질 과정을 거쳐야겠죠. 교정과 윤색의 단계에서는 AIScreenwriter나 Maekersuite 등이 요긴하게 쓰

일 수 있어요. AIScreenwriter의 '스크립트 닥터' 기능은 초고의 문법과 어휘, 문장 구조를 자동으로 교정해줍니다. 또한 인물의 동기나 감정선이 일관되게 흘러가는지, 사건의 인과관계가 논리적으로 연결되는지도 진단해주죠.

만약 어색하거나 부자연스러운 대사가 있다면, AIScreenwriter가 자연스러운 문장으로 다듬어주는 제안을 해줍니다. 플롯의 개연성이 떨어지는 장면이 포착되면 그 부분을 지적하고 해법을 제시하기도 하죠. 초고를 객관적으로 평가하고 개선하는 일은 작가에게 쉽지 않은 과제인데요. AIScreenwriter는 메타적 시각에서 작품을 진단함으로써 작가가 초고의 완성도를 높이는 데 도움을 줍니다.

영상화를 염두에 둔 시나리오라면 Maekersuite의 콘티 제작 기능을

표 AI 영화 시나리오 작성 도구

도구 이름	설명
AIScreenwriter	AI 기반 시나리오 작성 도구로, 브레인스토밍, 스토리 구조화, 대본 편집 등을 지원.
Livy AI Screenwriter	AI를 사용하여 플롯 개발, 캐릭터 아크 지원, 대화 개선 등을 제공하는 시나리오 작성 도구.
NolanAI	AI 기반 스크립트 작성 소프트웨어로, 자동 포맷팅, 편집 제안, 스크립트 분석 등의 기능을 제공.
히트포 에디메이커 (HitPaw Edimaker)	AI 동영상 생성기, 자막 생성기, 통합 AI 시나리오 작가, 미디어 클립 자동 병합 등의 기능을 제공하는 도구.
Maekersuite	YouTube 비디오 스크립트 생성 도구로, SEO 최적화된 스크립트 템플릿을 제공하여 작성 과정을 간소화.

활용해볼 것을 추천합니다. 사용자가 입력한 장면 묘사와 대사를 토대로 콘티 이미지를 자동 생성해주는 기능인데요. 장면의 구도와 연출, 인물의 동선, 내레이션까지 고려해 한 컷 한 컷을 시각화해준다고 하니 흥미롭지 않나요? AI와 함께 그려보는 콘티는 감독, 촬영감독 등 스태프들과 소통하는 데에도 요긴하게 쓰일 수 있을 것 같네요.

AI 도구를 활용할 때는 몇 가지 유의할 점이 있습니다. 첫째, 저작권 문제에 대한 주의가 필요해요. AI가 학습한 방대한 데이터 속에는 저작권이 있는 작품들도 포함되어 있기 때문에, AI가 생성한 콘텐츠를 무단으로 사용하다 보면 표절 시비에 휘말릴 수 있거든요. 따라서 AI의 결과물을 반드시 작가 본인의 언어로 재창조하는 과정을 거쳐야 합니다.

둘째, AI를 맹신하다 보면 작가 고유의 창의성을 잃을 수 있어요. AI는 놀라운 아이디어와 문장을 쏟아내지만, 그것은 어디까지나 기존 데이터의 재조합일 뿐이에요. 거기에 작가만의 독창적인 해석과 문제의식을 녹여내지 않는다면 시나리오는 평범한 공장 제품에 그치고 말 거예요. AI를 영감의 원천으로 삼되 그 이상의 작가적 상상력을 발휘하는 것, 그것이 AI 시대의 창작자에게 요구되는 자세라고 할 수 있겠어요.

셋째, 윤리성에 대한 고민도 필요합니다. 학습 데이터에 따라 AI가 만들어내는 콘텐츠는 특정 계층이나 집단에 대한 차별과 편견을 내포하고 있을 수 있거든요. 따라서 AI가 생성한 대사나 인물 묘사에 인종차별적, 성차별적 요소는 없는지 세심히 살펴볼 필요가 있어요. AI가 편향성을 강화하는 도구가 되지 않도록, 작가는 올바른 가치관을 가지고 콘텐츠를 검토해야 할 것입니다.

이처럼 AI 도구는 시나리오 작성 과정 전반에 걸쳐 작가에게 편의성과 창의성을 선사할 수 있습니다. 하지만 그것은 작가의 노력을 대신해 주는 마법사가 아니에요. 시나리오의 완성도를 높이는 일차적 책임은 여전히 작가에게 있습니다. AI를 현명하게 활용하되 그것에 의존하지 않고, 인간다운 공감과 통찰을 녹여내는 것이 무엇보다 중요하죠.

그렇다면 AI 시대의 시나리오 작법, 어떻게 익힐 수 있을까요? 무엇보다 클래식한 스토리텔링의 원칙을 공부하는 것이 기본입니다. 훌륭한 시나리오의 바탕에는 영화사에 길이 남을 걸작들에서 발견되는 보편적 법칙이 있기 마련이에요. 귀감이 될 만한 작품을 골라 구조와 캐릭터, 대사를 분석해 보세요. 거기서 발견한 원리를 여러분의 작품에 적용해 보는 것도 좋은 연습이 될 거예요.

다음으로 AI 도구별 사용법과 기능을 익히는 시간을 가져보세요. 대부분의 AI 스토리텔링 도구는 튜토리얼 영상이나 온라인 강의를 제공하고 있어요. 그것을 통해 기본적인 사용법을 숙지한 다음, 간단한 플롯라인이나 씬을 입력해 보면서 AI와의 협업 과정에 익숙해지는 게 좋겠죠. 막연한 두려움보다는 직접 부딪혀 보는 용기가 필요해요.

AI 도구를 익혔다면 이를 자신만의 창작 나침반과 결합하는 연습을

[스토리보드 예시]

해봐야겠죠. AI가 제안하는 아이디어와 문장을 면밀히 검토하고, 그중 자신의 작품 세계관에 들어맞는 요소들만 취사선택하세요. 가려 뽑은 아이디어를 자신만의 언어로 재탄생시키는 과정을 반복하다 보면 어느새 독창적인 스토리텔링 스타일을 구축할 수 있을 거예요.

AI 도구를 시나리오 작법에 활용하는 과정이 녹록지만은 않을 것입니다. 시행착오도 겪어야 하고, 난관에 부딪히기도 할 거예요. 하지만 포기하지 말고 꾸준히 도전하다 보면 AI와 인간이 조화를 이루는 창작의 경지에 다다를 수 있을 것이라 믿습니다.

극작가 김민주 님은 최근 인터뷰에서 이런 말씀을 하셨어요. "AI는 빠른 속도로 진화하고 있어요. 우리가 적응하지 않으면 도태될 수밖에 없죠. 하지만 동시에 AI는 결코 인간 고유의 능력을 대체할 순 없어요.

우리만의 감수성, 다양한 삶의 층위에서 우러나오는 깊이, 그것은 기계가 모방할 수 없는 인간만의 영역이라고 봅니다."

김민주 님의 말씀처럼 우리에겐 AI가 넘볼 수 없는 본원적 창조성이 있습니다. 그 고유한 예술적 감각과 AI 기술의 잠재력을 결합한다면, 분명 시네마의 새로운 경계를 개척해나갈 수 있을 거예요. 기술은 변화하고 도구는 진화하지만, 위대한 스토리텔링의 본질은 불변합니다. 우리 모두 자신만의 목소리로 시대를 뒤흔드는 강렬한 이야기를 써내려갈 수 있기를 응원하겠습니다.

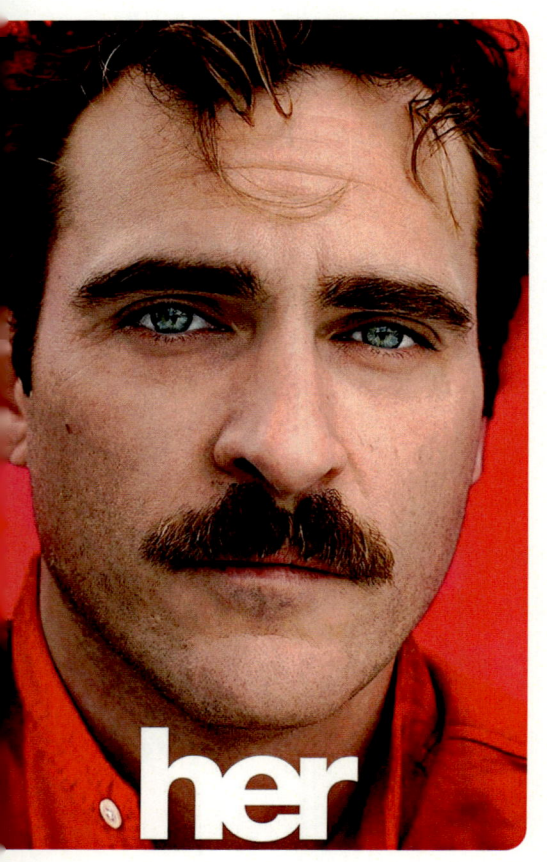

지금까지 AI를 활용한 시나리오 창작에 대해 살펴보았는데요. 가까운 미래에 AI가 영화 산업 전반에 가져올 변화를 想像하면 참 흥미진진하지 않나요? 이미 AI 배우와 AI 성우가 등장하고 있고, AI 작곡가가 영화 음악을 만들어내는 시대가 성큼 다가왔어요. 어쩌면 멀지 않은 미래에 우리는 AI 감독, AI 영화제작자들과 함께 작업하는 상상을 해볼 수 있을 것 같아요.

그렇지만 영화는 기술로 환원될 수 없는 근원적 가치를 품고 있어요. 인간에 대한 깊은 통찰, 시대의 아픔에 공명하는 메시지, 삶의 다채로운 풍경을 펼쳐내는 서사의 힘. 이런 것들은 AI가 아무리 발전한다 해도 인간만이 빚어낼 수 있는 영화 고유의 가치라 할 수 있을 거예요.

우리 인간과 AI가 함께 만들어갈 영화의 미래는 두렵기보다는 설레는 마음이 앞섭니다. 과학기술은 우리의 상상력을 위협하는 게 아니라, 오히려 새로운 창조의 영역으로 인도하는 나침반 아니겠어요? 도구를 다루는 우리의 태도와 가치관이 영화의 미래를 결정할 것입니다. 기술은 인간의 비전에 봉사할 때 비로소 의미를 갖게 되니까요.

AI가 영화 산업에 가져온 혁신의 바람을 타고 우리 모두 더 넓은 상상력의 세계로 힘차게 비상했으면 좋겠습니다. 위대한 영화는 테크놀로

지의 진보에서 비롯되는 게 아니에요. 인간에 대한 깊은 애정, 시대에 대한 치열한 고민에서 피어나는 거죠.

'Her', 'Ex Machina' 같은 걸작들이 AI에 관해, 그리고 AI를 통해 인간에 대해 던지는 묵직한 화두처럼, 앞으로 AI 기술 발전이 촉발할 치열한 인문학적 담론이 영화를 통해 펼쳐지길 기대해봅니다. 우리가 과학기술의 눈부신 진보 속에서도 결코 잃어선 안될 인간다움의 가치를, 영화는 묵직한 언어로 일깨워줄 테니까요.

표	AI 툴을 활용한 영화 제작 플로우	
단계	설명	사용 가능한 AI 도구
1	아이디어 구상 및 브레인스토밍	AIScreenwriter, NolanAI
2	플롯 및 스토리 구조화	Livy AI Screenwriter, AIScreenwriter
3	캐릭터 개발	Livy AI Screenwriter, AIScreenwriter
4	시나리오 초안 작성	Typecast, HitPaw Edimaker, Maekersuite
5	대화 및 대사 작성	AIScreenwriter, NolanAI
6	시나리오 편집 및 수정	NolanAI, Livy AI Screenwriter
7	스토리보드 작성 및 시각화	DeepDream Generator, Artbreeder
8	프리 프로덕션 (사전 제작) 계획 수립	StudioBinder, Celtx (AI 도구 아님, 계획 수립에 사용)
9	캐스팅 및 오디션	없음 (AI 도구는 주로 시나리오 작성 및 편집에 사용)
10	로케이션 스카우팅 및 확정	AI 기반 이미지 생성기 (예: DALL-E, MidJourney)
11	촬영 준비 및 장비 확보	없음 (AI 도구는 주로 시나리오 작성 및 편집에 사용)
12	프로덕션 (촬영)	없음 (AI 도구는 주로 시나리오 작성 및 편집에 사용)
13	포스트 프로덕션 (후반 작업)	Adobe Premiere Pro (AI 기능 포함), Final Cut Pro
14	비주얼 이펙트 (VFX)	Runway ML, After Effects (AI 기능 포함)
15	사운드 디자인 및 음악 작업	AIVA (AI 음악 생성), Amper Music
16	편집 및 최종 컷 완성	Adobe Premiere Pro (AI 기능 포함), Final Cut Pro
17	색 보정 및 그레이딩	DaVinci Resolve (AI 기능 포함)
18	마케팅 및 배급 준비	Movio (AI 마케팅 플랫폼)
19	영화 개봉 및 배급	Theatrical Release, Streaming Platforms, Film Festivals (AI 도구는 배급 과정에 직접적으로 사용되지 않음)

마치며..

    마지막 문장을 짓는 순간, 손에서 펜을 놓고 긴 한숨을 내쉬었습니다. 창밖으로 시선을 돌리니 어느덧 해가 지고 있었습니다. 이 책을 쓰기 시작한 게 언제였던가요? 시간이 이렇게 빨리 흘러갔나 싶습니다.

    처음 챗GPT를 접했을 때의 그 경이로움과 흥분이 아직도 생생합니다. 단순한 호기심에서 시작된 AI 글쓰기가 어느새 제 인생의 전환점이 되었습니다. 1000만 원이 넘는 수익을 만들어냈을 뿐 아니라, 새로운 가능성을 발견하고 도전하는 즐거움을 얻었습니다.

    하지만 그 과정이 순탄하지만은 않았습니다. 숱한 시행착오와 좌절, 그리고 AI 기술에 대한 우려와 비판에 맞서야 했죠. 그럴 때마다 저는

AI 글쓰기의 본질을 되새겼습니다. 인간의 창의성을 대체하는 것이 아니라 인간과 협업하여 더 나은 결과를 만들어내는 것, 그것이 제가 추구하는 AI 글쓰기의 핵심이었습니다.

기술은 우리에게 도구를 줄 뿐, 그것을 어떻게 활용하고 어떤 가치를 만들어내는지는 결국 우리 인간의 몫입니다. AI 시대를 살아가는 우리에게 필요한 것은 기술에 대한 맹목적 두려움이 아닌, 기술을 윤리적으로 사용하고 긍정적인 변화를 이끌어내려는 의지라고 생각합니다.

이 책이 독자 여러분에게 작은 울림이 되었으면 좋겠습니다. 막연한 AI 공포증에서 벗어나 새로운 기회를 찾고, 변화의 물결을 자신만의 방식으로 항해하는 길잡이가 되어주기를 바랍니다. 어쩌면 AI가 가져올 변화의 소용돌이 속에서 우리는 이제껏 경험하지 못한 창의성의 영역을 발견하게 될지도 모릅니다.

AI 글쓰기 시대, 기술과 인간이 조화를 이루며 만들어갈 더 나은 내일을 기대하며 이만 펜을 내려놓겠습니다. 긴 여정에 함께해 주신 독자 여러분께 깊은 감사를 드립니다. 앞으로도 AI 글쓰기의 무한한 잠재력을 믿고 정진하는 우리 모두가 되기를, 그렇게 새로운 시대를 함께 열어가기를 기원합니다.

AI 글쓰기로 수익 1000만원 만들기
챗GPT가 쓴 나의 돈 버는 콘텐츠

발 행   2024년 7월 1일 초판 1쇄 발행
저 자   장 세 훈
발행처   클레버니스
발행인   조 성 준
주 소   서울특별시 은평구 갈현로 11길 46
전 화   010-2993-3375
팩 스   02-2275-3371
등록번호 제 2024-000045호
등록일자 2024년 5월 9일
ISBN   979-11-94129-05-9 (13320)
정 가   18,000원

※ 이 책은 저작권법에 의해 보호를 받는 저작물로 무단 전재나 복제를 금지하며,
※ 이 책 내용의 전부 또는 일부를 이용하려면 반드시 저작권자나 발행인의 서면동의를 받아야 합니다.
※ 파본 및 낙장은 구입하신 서점에서 교환하여 드립니다.